アサーション入門
自分も相手も大切にする自己表現法

平木典子

講談社現代新書

2143

はじめに

心地よいコミュニケーションがとれた日は、うきうきした気持ちで過ごすことができませんか。反対に、わずかな気まずいやり取りでも、何日も引きずったりしませんか。

あなたは、次のような経験をしたとき、どんな態度や言い方をするでしょうか。

振込みをしようとして郵便局に行きました。窓口に誰もいないので奥を見ると、立ち話をしている局員がいます。「おしゃべりなんかして、窓口はどうなってるのよ！」と厳しく言いますか。あるいはその人が自分に気づくまで待ちますか。申し訳なさそうに声をかけますか。それとも少し大きめの声ではっきり「お願いします」と言いますか。

職場の上司から、思い当たる批判がきたとき、どう対応しますか。何も言えず黙ってうなだれている、あるいは、言い訳をして謝らない、どちらをしがちですか。
また、部下や同僚の不始末や理不尽な不機嫌さにあったとき、どうしますか。カッとなりますか。気になりながらも、何も言いませんか。それとも、きちんと気になっていることを伝え、話し合いますか。

今日は仕事が早く終わりそうなので、帰って見たいテレビの番組でも楽しみながら、ゆっくり夕食をとろうと思っていたところ、友人から「今日、夕食を一緒にしない？」と電話がかかってきました。一瞬「急に言われても……」と思いましたが、断るのも悪いので「そうね」と言ってつきあいますか。あるいは、「そんなに急に言われても、ダメ！」と自分の予定を変えませんか。それとも、「見たいテレビ番組があるんだけど、今日がいいの？」と相手の思いを確かめ、歩み寄りの可能性を探しますか。

忙しく、都合が悪いときに妻（夫）の両親が訪ねたいと言ってきました。断りたいと思ったとき、どうしますか。「人の都合も聞かないで、いつもあの人たちは一方的なんだから――」と腹を立て、けんもほろろに断りますか。それとも仕方ないと思って引き受けますか。

私たちは、見知らぬ人、友人、職場の人、家族や親戚などさまざまな立場の人とコミュニケーションをしますが、状況や相手によってうまく話せるときと後味が悪い結果になるときがあります。

この本のタイトル「アサーション」は、あなたの日頃のコミュニケーションや人間関係をふり返るためのキーワードです。

コミュニケーションがうまくいかないときや人間関係が難しいとき、「アサーション」を理解すると、関わりを建設的に変えることができます。

「自分も相手も大切にする自己表現」を意味するアサーションは、私たちの会話を心理学の知恵をもとに読み解き、日常のやり取りに変化と充実感をもたらすコミュニケーションの方法と関わり方です。そして、アサーションは人の心の奥深さを知り、自分らしい生き方を拓く道でもあることを教えてくれるでしょう。

アサーションの考え方と方法は、最近かなり多くの人に理解され、さまざまな場で活用されるようになりました。また、アサーションを知った多くの方々から、自らの窮地を脱するのに役立ったとか、生き方が変わったという声を聞きます。自己表現に小さな変化が生まれると、それだけでも気分が変わり、他の行動にも変化が及んでいきます。

私は、本書を多くのアサーションに取り組んだ人々の姿を思い出しながら書きました。アサーションを知っている人も、初めて聞く人も、あらためてアサーションの視点から自分を見つめ直し、自分らしい生き方を探してください。自分も相手も大切にするコミュニケーションがつくり上げる自分らしい人生、そのヒントを次のような順でまとめました。

第一章では、「アサーションとはどんな自己表現か」ということについて、自分のコミュニケーションの自己診断をしながら、「非主張的」「攻撃的」「アサーティブ」のどの自己表現をしがちか、その理由は何かを理解していきます。

第二章では、アサーションを理解しても、それを実行に移すときに起こる躊躇《ちゅうちょ》する心理を探ります。「自分も相手も大切にする」には、「人間として誰もがやってよいこと＝人権」を知ることが助けになります。それを知ると、表現をためらう気持ちがうすれ、アサーションへの自信が持てるようになるでしょう。

第三章からは、アサーションを身につけるための具体的アドバイスに入ります。

この章では、まず、アサーティブなものの見方について考えるために、私たちが日頃、当たり前と思っている常識や考え方について検討します。そのなかには、アサーションと自分にふさわしい生き方にブレーキをかけているものもありますので、チェックしてみましょう。

第四章では、私たちの日常のコミュニケーション場面を具体的にとり上げて、アサーティブなコミュニケーションにより獲得される三つの力――物事をアサーティブに実行する力、心地よい人間関係を創る力、自分らしく生きる力――について考えます。アサーションは、単なるコミュニケーションの方法ではなく、自分が自分であることをいつくしむ力であることが理解できるでしょう。

第五章は、心に届く伝え方の極意をお伝えする章です。アサーション・トレーニングのクラスで出される質問を参考にして、皆さんがよく出会う困難な場面でのアサーションについて、台詞《セリフ》づくりのコツをお伝えします。

各章が読者の皆さんにとって、さわやかな自己表現とかけがえのない自分づくりに役立つことを願って本書を送り出したいと思います。

目次

はじめに ―― 3

第一章　アサーションとは自分も相手も大切にする自己表現 ―― 15

1　自分も相手も大切にする ―― 16

アサーションの意味／簡単な自己表現の診断をしてみよう／アサーションとの出会い／アサーションの発展のプロセスが意味すること／自己表現のタイプは大きく三つある

2　非主張的自己表現 ―― 28

「言わない」「言いそこなう」／非主張的自己表現を続けていると／どんな心理とつながっているのか／非主張的だと、こんな損をする／相手に及ぼす迷惑

3　攻撃的自己表現 ―― 35

「アグレッシブ」とは／相手を巧妙に操作する場合／敬遠され、孤立しがち／どんな

人が？／どんな心理とつながっているのか／安定した人間関係が築けない／非主張的自己表現と攻撃的自己表現は凸凹の関係

4 アサーティブな自己表現 —— 41

自分も相手も大切にする／「思い通りに進むとは限らない」コミュニケーション／意見が合わないときの歩み寄り／なぜアサーティブになれないのか？／第一ステップ —— 自分の気持ちを確かめる／第二ステップ —— 正直に言語化してみる

5 三つの自己表現のまとめ —— 48

あなたの人間関係は？／もう一度自己チェック

第二章 「人として誰もがやってよいこと」を認め合う —— 55

自分も相手も大切に／自分らしくあってよい／気持ちや考えを表現してよい／子どもの感情表現はやり取りの中で育てられる／大人と感情／自己表現すれば、「本当の自分の気持ち」が分かる／「過ちを償う／謝ることも権利」／「謝る」「受け入れる」／「やってよいこと」は意外にたくさんある

第三章　考え方をアサーティブにする――69

1　日頃の考え方を確かめてみよう――70
五つの考え方について／誰のこととして？／アサーションのブレーキ

2　日頃の考え方はどのようにつくられるか――77
社会や集団の見えないルール／自分に合わなくなった考え方は……

3　五つの考え方の影響を変えるためのヒント――80
危険や恐怖に出会ったとき／「心配の種＋アイデア」という考え方をする／「どうしようもない」と考えない／いざとなったら「明《あき》らめる」／失敗恐怖／自分を発揮するチャンスを失う／「叱る」「叱られる」ということ／思い通りにならないときの悪循環／相手の気持ちを考える――自分の考え方を変える方法1／「感情は自分が起こすもの」と考える――自分の考え方を変える方法2／感情は自分の状態を知る手がかり／誰でも愛されたい、でも……／もし好かれなくても……／大きな落とし穴／「絶対に人を傷つけない」ことは不可能／自分の考え方を再検討してみよう／その他の「自分を縛る」可能性のある考え方／自分らしくあるために

第四章　アサーションで身につく三つの力　105

1　タスクのためのアサーション　108
目的を遂行し、課題を達成する力／言語的な表現

2　メンテナンスのためのアサーション　111
人と共に生きる力／六種類の言葉かけ／日本語の力

3　自己実現のアサーション　116
二つのアサーションのバランス／「愛することと働くこと」／五つの欲求／「承認の欲求」／「自己実現の欲求」／現代における問題／「メンテナンスのアサーション」がいっそう求められる時代

第五章　心に届く伝え方　129

1　自分の思いを確かめる　131
誘いをうまく断りたい／複数の人との会話で／自分の気持ちが分からないとき／相手の行動に苛立ち、黙り込む夫婦

2 事実や状況を共有する 138
状況も伝え合う／日頃のコミュニケーションの蓄積／「以心伝心」には頼らない

3 提案は具体的に述べる 142
状況が複雑で、交渉が必要な場合／具体的に提案する／三つのポイントの復習

4 アサーティブな表現をしている人 148
アサーションを自然に実践している人／あるセールスマンのアサーション／「ドラえもん」の静香ちゃん

5 アサーションのポイントを使って台詞《セリフ》を考える 152
そば屋で・夫の親族の集まりで／四つのヒント

6 「アサーション」についてよくある質問とアドバイス 154
相手が「アサーション」を知らない場合は？／相手に同意してもらうには？／アサーションの誤解／まず、自分から／「私メッセージ」で気持ちを伝える／「なぜ～？」「どうして～？」を言うときは気をつける／「当たり前」「はずだ」「当然」ということはめったにない／この章の結びとして

もっと学びたい人のための参考ブックガイド 166

おわりに 172

第一章

アサーションとは
自分も相手も大切にする自己表現

1　自分も相手も大切にする

アサーションの意味

アサーションとは、どんな意味でしょうか？

ひと言には訳しにくいのですが、「自他尊重の自己表現」、言い換えれば「自分も相手（他者）も大切にする自己表現」という意味です。

「アサーションとは実用的な主張法」というイメージを持たれることもあります。アサーションをマスターすれば、話し方がうまくなるとか、セールストークが向上して営業成績が上がる、あるいは部下の指導がスムースにいく、といったイメージです。

けれども、それは少し違います。

確かに、アサーションの意味には、表現法という面もありますが、アサーションによる自己表現とは、単なる自分の「自己主張」や「言い方」ではなく、相手とどのようにコミュニケーションするかについて掘り下げて考えることが含まれているからです。

アサーションの目指す「自分も相手も大切にする自己表現」には、誰もが願っているよりよい人間関係のあり方が含まれています。言うはやさしく、実際にはなかなか難しいものです。

そのときの自分や相手の状況によって、言いたいことが言えなかったり、言いたい気持ちはあっても言い方が分からなかったりします。また、自分でも言いたいことがはっきりしない場合もあります。

逆に、言いたいことが言えても相手に不愉快な思いをさせたり、言い分を押しつけることになったり、相手を傷つけてしまったりすることもあります。そのため後味の悪さや後悔が残り、かえって気をつかうようになり、言いたいことが言えなくなったりもします。

本書では、このような日常のコミュニケーションをふり返り、アサーションの考え方と方法を通して、よりよい相互交流ができるようになることを目指します。

まず第一章では、「アサーションとはどんな自己表現か」ということについて、基本的なことを知っていただきます。

簡単な自己表現の診断をしてみよう

アサーションについて詳しく知る前に、まず読者の皆さんに、ふだんどのような自己表現をしているか、簡単にチェックしていただくことにしましょう。

以下にあげた二種類の質問リストについて、それぞれの問いの後にある「はい」「いいえ」のいずれかに○をつけてください。

どちらかを選ぶことが難しい質問があるかもしれませんが、「どちらかというと、こちら」というところで選んでください。

〈準備のための自己表現診断〉

1　自分から働きかける行動

・あなたは人にいい感じを持ったとき、その気持ちを表現できますか？（はい・いいえ）

・あなたは、自分の長所やなしとげたことを、人に言うことができますか？（はい・いいえ）

・あなたは、自分が神経質になったり、緊張したりしたとき、それを受け止め、伝えることができますか？（はい・いいえ）

・あなたは、初対面の人たちの会話の中に、気楽に入っていくことができますか？

（はい・いいえ）

・あなたは、会話の場から一足先に抜けて、立ち去ることができますか？（はい・いいえ）

・あなたは自分の知らないことや分からないことがあったとき、そのことについて説明を求めることができますか？（はい・いいえ）

・あなたは人に支援や助けを求めることができますか？（はい・いいえ）

・人と違う意見や感じを持ったとき、それを表現することができますか？（はい・いいえ）

・自分が間違っていると気づいたら、それを認めることができますか？（はい・いいえ）

・フェアで適切な批判を、人前で述べることができますか？（はい・いいえ）

2　人の働きかけに対応する行動

・人からほめられたとき、素直に「ありがとう」と言えますか？（はい・いいえ）

・自分のしたことを批判されたときに、きちんと受け答えできますか？（はい・いい

え）

・不当な要求をされたとき、断ることができますか？（はい・いいえ）

・長電話や長話のときに、自分から打ち切る提案をできますか？（はい・いいえ）

・あなたの話をさえぎって話し出した人に、対応することができますか？（はい・いいえ）

・パーティーやイベントへの招待を、率直に受けたり断ったりできますか？（はい・いいえ）

・訪問販売を断りたいとき、断ることができますか？（はい・いいえ）

・レストランで注文したものと違う料理がきたとき、そのことを言って、取り替えてもらうことができますか？（はい・いいえ）

・人の善意や好意がわずらわしいときに、それを伝えることができますか？（はい・いいえ）

・人から援助やアドバイスを求められたとき、必要であれば断ることができますか？（はい・いいえ）

すべて答え終わったら、「はい」に○がついている項目をもう一度見直しましょう。「はい」と答えたとき、心の中には、そのときイメージした相手に対するネガティブな感情（たとえば腹立たしさや排除したい気持ちなど）が生じましたか？

人によって、また状況によって、必ずしもそのような気持ちが起こるとは限りませんが、ネガティブな感情が湧《わ》いた場合は、「はい」につけた○の横に✓（チェック）印を加えておきましょう。

あなたが○と✓と両方をつけた項目については、場合によっては相手を大切にしていない表現をしている可能性があります。

また、「いいえ」に○をつけている項目については、引っ込み思案な自己表現になっていたり、自分を大切にしていなかったりしているということになります。

さて、この作業がすんだら、「はい」についた○を数えてください。○の数が一〇以上なら、あなたは「自分も相手も大切にする自己表現」がかなりできているといえます。「いいえ」に○がついた項目や、「はい」に○をしても✓もついている項目については、本書を読み進めながら、詳しく検討していきましょう。そのなかで、現在の自己表現を、自分も相手も大切にするアサーションに変えていくヒントを得ていってください。

この第一章では、自己表現の場面の多様性とアサーションのおおまかなイメージをつかむことができればいいでしょう。

アサーションとの出会い

私が最初にアサーションに関心を持ったのは、一九七五年の夏、アメリカでのことです。たまたま参加した「カウンセリングの父」と呼ばれるロジャーズ（Rogers, C.）のPCA（Person-Centered Approach）という研修会においてでした。

この研修会では、一〇〇名を超える参加者たちがそれぞれ、自分が関心を持つテーマのグループに参加しながら、互いに交流していました。その中に「アサーション」というテーマのグループもありました。

ある日の昼食のテーブルで、私はこのアサーションのグループに参加している二人と一緒になりました。食事を終えて席を立つとき、二人に「実習に協力してくださってありがとう」と言われたのです。どんな協力をしたのか何も思い当たらなかったので、私はびっくりして「えっ、どんな実習ですか？」と尋ねました。そうすると、「日常的な会話の場に加わり、会話を続け、終わるという実習で、のりこ（筆者の名）とお友だちがそれに加わってくれた」と言うのです。

私はアサーションというカウンセリングの一技法があることは知っていましたが、詳しくは知りませんでしたので、そう言われて大変興味をひかれました。

この出来事をきっかけに、もっと知りたいと思い、アサーションに関する専門書を現地の書店で買い求め、帰国してから読んでみました。そして、アサーションの基本となる「自分も他者も大切にする思想」やその思想の実践は、まさに日本人にとって必要とされているものではないかという思いを強くするようになりました。

なぜなら、ともすると日本人は、相手を大切にすることは、自分を二の次にして引き下がることと理解しがちです。逆に自分の主張を通したいときは、相手は言い分を聞き入れてくれるものと思い込み、言い張ることにもなります。多くの日本人は、どちらかの自己表現しかないと思い込んでいるのではないか。相手も自分も大切にする自己表現があるということを知ったら、日本人はもっとコミュニケーションが上手になるのではないかと思ったのです。

その後間もなく私は、研究休暇をカリフォルニアの大学で過ごすことになりました。そこでは家族療法の研修とともに、アサーション・トレーニングの授業などにも出席し、帰国してからアサーションを紹介することになったのです。

なお、英和辞書を引くと、"assertion"（アサーション）という語は、「主張」「断言」、続いて「断定」「言い張ること」などと訳されています。このような訳語には「一方的な主張」というニュアンスが感じられ、カウンセリングの専門家が扱う「アサーション」とはかけ離れた意味が伝わってしまいます。

そのため、私は、一九八〇年代初期に日本にこの概念を初めて紹介して以来、訳語ではなくカタカナで「アサーション」と記してきました。

アサーションの発展のプロセスが意味すること

アサーションの考え方と方法は、一九五〇年代半ばに北米において生まれたものです。もともとは、人間関係が苦手な人、引っ込み思案でコミュニケーションが下手な人を対象としたカウンセリングの方法・訓練法として開発されました。

ところがやがて、そのような人たちだけを対象に支援していても、効果はあがらないことが分かってきました。

なぜなら、よく観察すると、問題はコミュニケーションが苦手な人だけでなく、彼らを取り巻く他の人々の問題でもあること、つまり、ぎくしゃくする人間関係の裏には、悩んでいる当事者だけでなく、自己表現を踏みにじったり押しつぶしたりする人々の問題が関わっていることが分かってきたからです。

「踏みにじったり押しつぶしたりする人々」とは、たとえば、言いたいことを表現するのが苦手な子どもに一方的に自分の言い分を押しつける親や教師、部下の手元の仕事量や個人的状況を無視して過重な仕事を振り向ける上司などです。

力の差がある人間関係においては、力と権威を持つ側が、その立場を利用することで、弱い立場にいる側を思いのままに動かすことができます。それは、意識的にやっている場合と、無意識にやってしまっている場合と両方あります。弱い側は、さらなる強要や非難や排除を怖れて相手に従うことになり、悪循環に陥っていきます。

そこで、このようなケースにおいては「(弱い側だけでなく) 力や権威を行使する側にもアサーションという考え方を意識してもらう必要がある」と考えられるようになっていったのです。

その後アメリカにおいて、アサーションの考え方と方法は、人種差別や男女差別を受けてきた人々、特別な配慮やケアが必要な人々の人権を守るために、そして人権を軽視・無視して人の尊厳を脅かす人々への警鐘として、教育、福祉、産業などの分野に広がっていきました。

また、子ども、教師、ナース、カウンセラーなどに向けて、彼らが直面する具体的な人間関係を考慮したアサーションの本も出版されるようになり、それぞれに対応するトレーニングの方法も開発されはじめました。

自己表現のタイプは大きく三つある

アメリカの心理学者で、最初にアサーションの考え方を紹介したウォルピィ（Wolpe, J.）は、「人間関係における自己表現」には大きく三つのタイプがあると言いました。

第一に、自分よりも他者を優先し、自分は後回しにする自己表現。第二に、自分のことだけをまず考えて行動し、時には他者をふみにじることにもなる自己表現です。この二つは、対照的というか両極端です。第一の自己表現は「非主張的（non-assertive）自己表現」、第二のタイプは「攻撃的（aggressive）自己表現」と呼ばれています。

この二つのタイプに対して、第三のタイプは、第一と第二のちょうどよいバランス＝黄金率とも言えるもので、自分のことをまず考えますが、他者のことにも配慮する自己表現です。これがアサーションです。

なお、この三つのタイプの自己表現のどれかだけで一〇〇パーセント、という人はめったにいません。状況や相手に応じて三つのうちどれかを無意識に使っているのが普通です。ただ、どの自己表現の割合が大きいかは、人によって違います。

それではここから、それぞれのタイプについて見ていきましょう。アサーティブでない二つのタイプの自己表現を見たあとで、「アサーションを実現した自己表現」（以下、「アサーティブ〈assertive〉な自己表現」と呼びます）について説明します。具体的にそれがどんなもので、どんな心理につながって生じるのか、本人やまわりにどんな影響を与えるのか、見ていきましょう。

本章の冒頭で、質問文リストのチェックをしてもらいましたが、ここからの説明も、自分がどのタイプの傾向があるか、どの説明に思い当たるか、考えながら読んでみるとよいでしょう。

2　非主張的自己表現

「言わない」「言いそこなう」

最初は、「非主張的（non-assertive）自己表現」です。

非主張的自己表現とは、自分の意見や気持ちを言わない／言いそこなう、言っても相手に伝わりにくい自己表現です。これには、あいまいな表現や、人に無視されやすい自信なげな小さな声での話し方や消極的態度も含まれます。「自分はダメだ」とか「言っても分かってもらえない」などあきらめの気持ちが潜んでいたりします。

非主張的自己表現は、相手から理解されにくいことがあります。また、相手を優先し、自分を後回しにするため、結果として相手の言いなりになってしまうこともあります。相手と意見が異なるときでも自分の意見を言わないため、理解されなかったり、無視されたり、同意したと誤解されたりします。自分としては主張を抑えて譲ったつもりでも、配慮したことは伝わらず、感謝されることもないでしょう。

非主張的自己表現をした後には、「やはり分かってもらえなかった」「自分が引いて／譲ってあげたのに……」「惨めだなあ」という気持ちがどこかに残ります。心から相手を配慮し、尊重して同意したり、譲ったりした場合とは違うからです。

たとえば、家庭の事情があっても残業を引き受けるおとなしくかつ有能な人、セクハラやパワハラにあっても、そのつらさや不快な思いを伝えられない女性や部下などは、非主張的になっています。長電話を切りたいのに言い出せない人、行きたくない誘いを断れない人なども非主張的です。

このタイプの表現をする人は、反論しないために、葛藤やもめごとを回避してくれる「いい人」と思われていますが、一方で「都合のよい人」ともみなされがちです。頼りにされ、排除されることはないのと引き換えに、本人は心理的負荷を負い、メンタルヘルス被害に陥っていくことにもなりかねません。とりわけ、次に述べる「攻撃的自己表現」の傾向の強い人との関係では、その危険がより高くなります。

一方、自分も相手も非主張的自己表現の傾向が強い場合はどうでしょう。話が弾まず、そのため互いに分かり合えず、苛立ちを感じながら突破口もできないまま、靴の底から足を掻《か》いているような状態になっていくでしょう。

非主張的自己表現を続けていると

非主張的な自己表現の傾向が強い人は、相手を立て自分が遠慮することで、相手を不愉快にさせまいと配慮しているつもりなのでしょう。

しかし、自分をないがしろにして、相手の言いなりになってしまうため、だんだん自分でも言いたいことが分からなくなっていきます。自分で決められない、あるいは言い方が分からないといった状態になることもあります。

幼いときから、命令に従うこと、譲ること、他者の言うとおりにすることを当然として育てられていたりすると、自分で判断することに慣れておらず、つい相手の言いなりになり、その結果、自信がなく引っ込み思案になっている人もいます。

非主張的自己表現の人は、自分の人権を自ら侵すようなやり取りを招くこともあります。葛藤を避けようとして相手に大事な決定をまかせてしまうからです。また、考えを明確にしないことで、自分にも相手にも無責任になってしまうこともあります。

長い間にわたってこのような非主張的な自己表現を続けていると、理解してもらえないという寂しさ、自分の欲求を抑えている苦しさ、相手から大切にされていないという思いや惨めな気持ち、欲求不満などが積もっていきます。相手に対して「思いやりのない人だ」「鈍感だ」と心の中で恨みを募らせることにもなります。

その蓄積した欲求不満や怒りは、相手や、時には関係のない人に向けられ、突然、暴力的になったりすることもあります。そうなると「ふだんはおとなしくて優しい○○さんが、突然キレた」と言われたりします。本人にとってはそろそろ出してもいいと思っていた溜まった怒りの率直な表現のつもりでも、相手には理解されにくく、「八つ当たり」と思われることにもなります。

一方で、「キレる」こともなくひたすら忍耐強く自分を抑え、他者の要求に応じ続ける人もいます。もめごとを起こさず、相手をなだめ、その場を収める責任を一手に引き受けることで、自分に「頑張れ！　頑張れ！」と言い続けるのです。周囲を立てることに必死になって、過重な負荷に耐えることにエネルギーを使い果たし、心身ともに疲れ切っていきます。

その結果、頭痛・肩こり・胃痛などの体調不良に陥ったり、あるいは、不快感やストレスの原因になりそうな場面や人に近づくことを避けたりするようになります。ひそかに孤独に耐え、感情が固まってしまい無表情になったり、突然うつ状態や心身症になることもしばしばです。

いずれの場合も、自分を大切にしなかった（自分の人権を無視した）結果、相手も大切にしない（他者の人権をも侵してしまう）ということになりかねません。

人権という言葉は少し馴染みにくく感じるかもしれませんが、本書では堅苦しい法律的な意味ではなくて、「誰もが一人の人間として大切にされること」を意味します。「自分も相手も大切にする自己表現」とは、互いの人権を守るやり取りでもあり、アサーションを支える理念です。詳しくは第二章で考えます。

どんな心理とつながっているのか

非主張的自己表現は、どのような心理とつながっているのでしょうか。

一つは、その人自身の心の状態です。

自分の思いや考えを表現することで、相手に不愉快な思いをさせ、相手から嫌われる可能性が生じたり、相手と違った意見を言うことで葛藤やもめごとが起きたりするのを避ける心理です。

そこには、穏やかな人間関係を求める心理と同様に、他者とのやり取りに自信がなく、自己を表現することで起こるマイナスの結果を怖れ、相手に合わせることで安全を確保しようとする心理も働いています。

また、前に「自分を大切にしなかった結果、相手も大切にしないことになる」と述べましたが、相手に合わせているつもりでも、実は相手に甘え、依存している心理も働いていることがあります。

二つ目は、社会的・文化的な影響からの心の動きです。

世の中で当たり前とみなされている習慣や常識に従うことによって自らの尊厳や権利を無意識に否定する、という心理が働くのです。

たとえば、権威や経験がある大人は立てる、先輩に逆らってはならない、といった常識や習慣は、未熟だとされている者の自己表現を制約しがちです。そのような常識や習慣を破る者は、集団や社会から罰せられ、排除される可能性もあります。そこで、思っていることや気づいたことの表現を避けることで、相手や社会に順応し、認められようとする心理が働きます。

非主張的だと、こんな損をする

非主張的な自己表現をしていると、自分の気持ちや能力を確かめるチャンスも、自発性や個性を発揮するチャンスも失ってしまいがちです。他者に合わせるあまり、気づかぬうちに自分を否定・否認してしまうからです。

しかし、そのような人は学校や職場にとっては、どんな存在になるでしょうか。アイデアや考え方を表現することによる貢献がないので、評価もされにくいでしょう。また、所属するグループや組織にとってもその人の存在は、「宝の持ち腐れ」になっているかもしれませんし、厳しい言い方ですが、損失をもたらすものとなってしまいます。

相手に及ぼす迷惑

非主張的自己表現の傾向の強い人は、一見控えめで相手を配慮して一歩引いているように見えるので、相手は「同意してくれた」「気持ちよく譲ってくれた」と受け取るかもしれません。ところが実は、「分かってもらえていない」「感謝が十分でない」などの不満や恨みを持たれているとしたら、相手はたまったものではありません。

また、常に遠慮されたり、自分の意見を引っ込められたりするのも、相手にとっては居心地が悪いものです。フランクでない対応に、居心地の悪さだけでなく、苛立ちや優越感、時には哀れみを抱くことにもなりかねません。

3　攻撃的自己表現

「アグレッシブ」とは

二つ目のタイプは、非主張的自己表現の逆で、「攻撃的（aggressive）自己表現」です。「アグレッシブ」というカタカナ語は、最近よく用いられるようになりました。その本来の意味は、自分の意見や考え、気持ちを「はっきり言う」ことで自己主張するのですが、相手の気持ちは無視、あるいは軽視して、結果的に自分を押しつけることになる表現です。

攻撃的自己表現は、非主張的自己表現とは対照的に、自分の言い分や気持ちを通そうとするものです。たとえば、「言い放しにする」「押しつける」「言い負かす」「命令する」「操作する」「大声で怒鳴る」などは、攻撃的自己表現です。

相手を巧妙に操作する場合

ただ、攻撃的自己表現にはこのような、明らかに「攻撃的な」表現もありますが、そうでないものもあります。ハキハキと表情豊かに自分の意見を述べているように見えるとき、丁寧でやさしい言葉や態度でおだてたり甘えたりしているときでも、自分の思い通りに操作するとしたら、攻撃的自己表現にあたります。雑談での「押しつけがましいダメ押し」や「不必要なひと言」なども、優位に立つための攻撃的表現といえます。

セクシャルハラスメント、パワーハラスメントなどは、攻撃的自己表現の典型的な例です。相手の同意や善意に依存し(つけこみ)、自分の発言を通すことにばかり気を取られ、相手の反応は無視／軽視する自己表現です。

敬遠され、孤立しがち

攻撃的自己表現では、自分が正しいかのように言い張り、相手を黙らせようとしたり、同意させようとしたりします。自分と異なる意見やものの見方に耳を傾けようとせず、雑音、異物、脅威と捉えて、無視、排斥しようとすることもあります。

このような表現をしている人は、一見堂々としているように見えますが、どこか防御的で、必要以上に威張ったり強がったりしがちです。

結果としてたしかに意見は通るのですが、本人が後味の悪い思いをすることも少なくありません。自分の言い分が通れば、一時的には満足感も覚えますし、優位に立って勝った気分になります。しかし、そんなことを続けていると、利害関係でつきあう人はまわりに残るでしょうが、それ以外の人々には敬遠され、孤立することになります。

先に、非主張的自己表現で我慢を続けた末にキレることがあると述べました。そのようなケースは、ふだんは非主張的自己表現をしてきたあげく、いきなり攻撃的自己表現のほうに大きく針が振り切れて爆発するケースと考えることができます。

どんな人が？

権力や権威のある立場の人、知識や経験が豊富な人、役割や年齢が上の人は、このような攻撃的自己表現を無意識のうちにしてしまいがちです。また「地位や年齢差、権威などによって人権は左右されるものではない」ということを理解していない人、常に自分が優先されるべきだと考える人、自分の思い通りに人を動かしたい気持ちが強い人がとりやすい言動です。

攻撃的態度を向けられるのは、部下や弱い立場にある人、子どもなどです。

どんな心理とつながっているのか

この攻撃的自己表現も、先の非主張的自己表現と同様に、二つの心理とつながっています。一つはその人自身の心理、もう一つは社会的・文化的背景による心理です。

まずその人自身の心理です。たとえば、自分の考えは正しい、優れているという思い込みや、自分の言い分を絶対に通したいという欲求、あるいは自分の考えや気持ちが通らないことへの不満といった心理です。

注意すべきことは、この攻撃的自己表現も、非主張的自己表現と同様に実は、相手に依存し、甘える心理につながっているということです。

第二には、社会的・文化的背景による心理です。

すなわち、社会の常識や習慣から無意識に「攻撃的」になり、社会や組織でそのことは許容されていると思い込んで、無自覚なまま、さらに権威、権力、地位、役割、年齢差、性差などを利用して自分の意見を通すために相手を操作してしまうのです。

たとえば、上司が部下の事情を無視して休日出勤を押しつけるとか、親が子どもに怒りをぶつけるとか、立場が弱い人に対して相手の反応を待つべきところを一方的に命令するなどのケースです。

攻撃的自己表現が習慣になると、他者の従属的態度や支えなしには自己を維持できなくなっていきます。あげくのはてに、周囲からは横暴で自分勝手な甘えを撒《ま》き散らしている人とみなされていきます。その結果、先に述べたように、いつの間にか孤立を招いてしまうのです。

安定した人間関係が築けない

攻撃的な対応をされた相手は、不本意な行動をとらされ、軽く見られたとか、人格を無視された、馬鹿にされたという気持ちが残るでしょう。その結果傷つき、恐れて、相手を敬遠したり、怒りを感じて復讐心を覚えたりするようになるかもしれません。

あるいは、相手も攻撃的自己表現の傾向の強い人の場合は、自己主張の押しつけ合いや喧嘩が起こり、「勝ち負け」の人間関係になっていくでしょう。

いずれにしても、対等で親密な人間関係や、安定した人間関係を築くことは難しくなっていきます。

非主張的自己表現と攻撃的自己表現は凸凹の関係

ここまで述べてきた二つの自己表現のタイプ、非主張的自己表現と攻撃的自己表現は、ともに、年齢や地位の差、権威や力の差、ジェンダー・バイアス、差別意識などの強いところで無意識のうちに使われがちです。この二つのタイプは、凸凹のような関係とも言えるでしょう。

非主張的自己表現では、弱い立場の人が強い立場の人の攻撃的態度や表現に屈することになり、ストレスを蓄積させ、心理的不適応を抱えることになります。

一方、攻撃的自己表現では強い立場にある者が弱い立場にある者の弱みや善意を利用することになります。利害関係のあるところでは、弱者いじめをしながら自分を支えることができても、そのうち周囲から敬遠されていくでしょう。

先に、非主張的自己表現の傾向の強い人が、突然「キレる」例をあげました。誰でも状況や相手によって両方の自己表現が出てきますが、「非主張的自己表現」と「攻撃的自己表現」が交互に現れる人もいます。

たとえば、外では言いたいことは言えないのに家では暴君の「内弁慶」タイプ、ＤＶで妻をいたぶる夫、不登校児の家庭内暴力、などです。

4　アサーティブな自己表現

自分も相手も大切にする

さて、前の二つの自己表現の黄金率とも言えるバランスの自己表現、それが「アサーション（assertion）」あるいは「アサーティブ（assertive）な自己表現」です。

その本質は、自分も相手も大切にしたコミュニケーションをすることです。

すなわち、

①自分の考えや気持ちを捉え、それを正直に伝えてみようとする
②伝えたら、相手の反応を受け止めようとする

ことです。

コミュニケーションの中では、「話す」と「聴く」のあるやり取りとも言えるでしょう。

アサーションとは、自分が話したいことを非主張的にも、攻撃的にもならず、なるべく率直に、素直に伝えると同時に、話した後には、相手の反応を待ち、対応することも含んだ自己表現です。

たとえば、友人とお茶でも飲みながら話をしたいと思って率直に「お茶を飲みに行かない？」と誘うことはアサーションです。すると、友人から「行きましょう」と同意されることもあれば、「行けません」と同意されないこともあるでしょう。そのいずれに対しても、きちんと対応をしていくこともアサーションには含まれるということです。

「思い通りに進むとは限らない」コミュニケーション

この例でも分かるように、アサーションとは、自分の思いを正直に、率直に、なるべく相手に分かりやすいように伝えることですが、相手も同じように自己表現することを前提としています。したがって、たとえ自分の思いが伝わったとしても、ものごとは思い通りに進むとは限らないこと、人間関係は互いに同意したり、同意しなかったりしながらつくられていくことを前提としたコミュニケーションということになります。

それゆえにアサーションでは、互いの考えや気持ちの類似点や違いについてきちんと表現すると同時に、関心を寄せて理解しようとします。また、理屈や論理で理解するだけでなく、気持ちが通うような支え合いもします。理解し合い、気持ちが通じれば、同じ意見にならなくても、同じ行動をとらなくても、互いに自分らしくいられる関係を築くことを目指すのです。

たとえば、上司が状況を見て部下に休日出勤を頼むことも、部下がその日は予定があることを伝えることも、上司がそれで納得することも、アサーティブなことです。

友人から夕食に誘われて断ることもアサーティブなら、友人に会う必要性を伝えたり、他の日を提案したりすることもアサーティブです。

意見が合わないときの歩み寄り

こうしたアサーティブな自己表現の結果、双方が「そうだ」「そうだ」と理解と納得の下で話がトントン拍子に進むこともあれば、「同意できない」「分からない」といった反応が返ってくることもあるでしょう。

率直に話してすぐに意見や考えが一致すれば、それはラッキーなことです。合意が得られないときは、互いに意図を説明して相互に理解し合い、新たな歩み寄りの提案をして、合意点を見つける話し合いをするのです。

もちろん一時的に葛藤が起こる可能性もあります。無理に相手に折れたり遠慮したり、逆に傷ついたりムカッとしたりするのではなく、面倒がらずに意見を出し合い、双方に納得のいく結論を出すことを目指すのです。

そのようなやり取りは、互いに相手を理解し、歩み寄りのためのアイデアを出し合いますから、思いやりに満ちた率直なやり取りになります。したがって、気持ちのいいものです。本人も相手も大切にされたという気持ちになるでしょう。

アサーションはそんな相互尊重の体験でもあります。

なぜアサーティブになれないのか？

「ふだんアサーションができている」人でも、ときに特定の状況や人間関係において、アサーションができなくなることがあります。誰に対しても同じような態度で言いたいことをきちんと言える、という人はなかなかいません。

その理由の一つは、育ってきた環境によって習慣になっている自己表現の癖があることです。子どもの頃、うまく自己表現できなかった＝アサーティブになれなかった状況や相手に対しては、そのまま苦手意識を持ち続け、関係が再現されやすいからです。

もう一つは、初めての場面や初対面の人に対して、慎重になってしまうからです。やや遠慮してしまうとか、なめられないように余計に威張ってしまうなど、自分らしい率直で正直な表現ができないときがあるでしょう。

そんなときは、自分がどんな状況下や相手に対してうまく自己表現できないのか、まず気づくことが大事です。本書では、その気づきのための方法や、安定したアサーションを身につける方法を探っていきます。

第一ステップ——自分の気持ちを確かめる

アサーションの具体的な方法については後の章で述べますが、ここでは、アサーティブなやり取りのイメージをつかんでいただくために、アサーション（アサーティブな自己表現）の基本となる二つのステップを紹介しましょう。

最初のステップは、自分の意見や気持ちを確かめることです。

自分を表現するには、まずこれを明確にする必要があります。他者に気をとられていたり、他者を優先させていたりすると、この作業がおろそかになります。

とりあえず、自分の意見や気持ちを確かめることに集中する時間をとりましょう。そうすることで、自分の明確な気持ちや意見が捉えられるでしょう。慣れてくると、気持ちを確かめるのにかかる時間も短縮されていきます。

大切なことは、あいまいな考えや気持ち、たとえば、悲しくもあり腹立たしくもありといった対立する感情や迷い、困惑などに素直に気づくことです。

そのような考えや気持ちは、それはそれであっていいのです。

正直に自分の気持ちを確かめようとすると、いい感情、嫌な感情、迷い、緊張や不安など、さまざまな気持ちがあることに気づくことがあるでしょう。そのような気持ちをありのままに受け入れ、大切にすることがアサーションの出発点です。

つまり、アサーションは、「明確な気持ちや考え、白黒はっきりしたことを、言葉に出して明快に表現する」ことだけではないのです。「今は、決められない」とか「二つの矛盾した気持ちがある」とか、困惑や緊張を伝えることもアサーションなのです。

第二ステップ——正直に言語化してみる

第二のステップでは、第一のステップで確かめた思いを、自分が持ち合わせている語彙《ごい》や表現法を使い、なるべく正直に、率直に言語化してみます。

明確に言えることもあるでしょうが、「迷っている」「困っている」「うまく言えない」という気持ち、あるいは「行きたい気持ちと行きたくない気持ち両方」があれば、それを伝えてよいのです。それが、率直で正直な思いだからです。

さて、自分の気持ちを言語化したら、それを受ける「相手の表現」を大切にする動きも必要です。

相手に心を向け、自分の思いはどう受け止められたかをきちんと見届けましょう。相手にも自分と同じように、思いを確かめ、表現するプロセスがあります。それを待ち、聴くことで、はじめてアサーティブなやり取りが成立します。

このやり取りは、「相手の存在を認め、相手を自分と同じように大切にしようとする」という思いの表現なのです。

5　三つの自己表現のまとめ

あなたの人間関係は？

ここまで、三つの自己表現を見てきました。

あなたはアサーティブでしょうか？

自分の人間関係の中で考えてみましょう。

まず、あなたと日常的に接している家族や友人、職場の上司や仲間、近所の人々、などの顔を思い浮かべてみましょう。

まわりの人の中に、あなたに対して支配的、攻撃的な人はいますか？

そして、自分はどうでしょうか。自分の心の中の声に正直に耳を傾けましょう。

誰かに対して卑屈になったり、妙に気を使ったり、遠慮したりしていませんか？

逆に誰かをどこかで利用したり軽く扱ったりしていませんか？　優位な立場を利用して、自分の思いを通してはいませんか？

状況や相手との関係によって、態度を変えていませんか？

自分の気持ちをオープンに話していますか？

三つのタイプの違いは、次の表のようにまとめることができます。

表の項目を縦方向に、あるいは横方向に見てみると、日頃の自分の言動がアサーティブか、あるいはどのような表現の傾向にあるかが、再度確認できるのではないでしょうか。

アサーティブな自己表現	攻撃的自己表現	非主張的自己表現
正直	強がり	引っ込み思案
率直	尊大	卑屈
積極的	無頓着	消極的
自他尊重	他者否定的	自己否定的
自発的	操作的	依存的
自他調和	自分本位	他人本位
自他協力	相手に指示	相手任せ
自己選択で決める	自分の命令に従わせる	相手の承認で決める
歩み寄り	支配的	服従的

黙る	一方的に主張する	柔軟に対応する
弁解がましい	責任転嫁	自己責任で行動
「私はOKでない、あなたはOK」	「私はOK、あなたはOKでない」	「私もOK、あなたもOK」

ここで「はじめに」で述べたいくつかの場面から、それぞれの対応についてアサーションの視点から理解してみましょう。

郵便局の窓口に係の人がおらず、奥で立ち話をしているように見えたとき、「おしゃべりなんかして、窓口はどうなってるのよ！」と厳しく言うのは攻撃的自己表現、黙ってその人が気づくまで待つのは非主張的自己表現、そして、少し大きめの声で「お願いします」と声をかけるのはアサーションです。

また、上司から思い当たる批判をされたとき、黙っていては非主張的自己表現とも攻撃的自己表現ともとられます。いずれにしても、黙ったり、言い訳をしたりすることは、相手の気持ちを無視していることになるので、攻撃的な表現になるでしょう。自分の過ちを謝ったり、批判にはきちんと応えたりすることが、アサーティブな自己表現です。

見たいテレビを楽しみながら夕食をとろうと思っていたときにかかってきた誘いの電話に対しては、どうでしょうか。せっかくの誘いなので、断るのはよくないと思って気が進まないままに「そうね」と言ってつきあうのは非主張的自己表現、「急に言われても、ダメ！」とけんもほろろに断るのは攻撃的自己表現、「見たいテレビ番組があるんだけど、今日がいいの？」と自分の予定も伝えながら相手の意向を受け止めようとすると、アサーションになります。

もう一度自己チェック

アサーションとそうでない自己表現の違いを区別できたら、もう一度、自分の自己表現の傾向をチェックしてみましょう。

次のような場面で、あなたはどのタイプの自己表現をしているでしょうか。A（＝アサーティブ）、NA（＝非主張的）、AG（＝攻撃的）のうち、より強い傾向のところを一つ選び、

✓印を記入してみましょう。

	場面	A	NA	AG
1	家族や友人、同僚をほめるとき			
2	他者からほめられたとき			
3	自分の長所やなし遂げたことを伝えるとき			
4	相手から努力や労苦を労《いたわ》ってもらったとき			
5	自分の怒りを表現するとき			
6	他者から怒りを向けられたとき			
7	自分の困惑や緊張を伝えるとき			
8	相手の困惑や緊張を受け止めるとき			
9	同僚や友人を誘うとき			
10	誘われて、断りたいとき			
11	知らないことや分からないことを尋ねるとき			
12	援助や助言を求められて、断りたいとき			

13	同僚や後輩に対して適切な批判を述べるとき			
14	自分でも思いあたる失敗や間違いを指摘されたとき			
15	後輩や子どもを叱る必要があるとき			
16	上司に叱られたとき			
17	要求した通りに物事が進んでいないとき			
18	仕事が予定通りに進んでいないことを指摘されたとき			
19	緊急の仕事を依頼したいとき			
20	不当な仕事の要求を断りたいとき			

なお、奇数の項目は自分が働きかける自己表現、偶数項目は相手から働きかけられたとき受け止める自己表現です。

全体の✓印を一覧すると、自分の傾向が見えてくるでしょう。人によって、働きかけるアサーションの方が得意と出る場合と、受け止めるアサーションの方がうまくできると出る場合が、あるかもしれません。

第二章以降では、アサーションについて、より詳しく見ていきます。

第二章　「人として誰もがやってよいこと」を認め合う

自分も相手も大切に

アサーションとは、「自分も相手も大切にするコミュニケーション」と述べてきました。ところが、私たちの日常では、相手の気持ちを損なわないよう気をつかったつもりでも、それが逆効果になることもあります。

そのようなやり取りの中には、言い方が分からないだけでなく、「言わない方がいい」といったあきらめや「言ってもいいかどうか」といった迷いが含まれているようです。また、そのような心境の裏には、自分が言い方を工夫して率直に表現しても相手に理解されないとか、相手が一生懸命に話してくれても自分が理解できなかったというような体験が関わっている可能性もあります。

このようなあきらめや戸惑いがあると、アサーションをする気持ちになりにくいものです。どう言うかを考える前に、言わない方がいいと思ったり、言わないと決めたりして、自分にブレーキをかけてしまうからです。

そこで本章では、そのようなブレーキをかけないようにするために、私たちが日常的に「人として誰もがやってよいこと」について確かめておきたいと思います。自分も相手も大切にすることは、誰もがやってよいこと（人権）を互いに認め合うことだからです。

本章では、まず三つの「人間として誰もがやってよいこと」を紹介し、それを理解し確信することによって、人間としての自分、唯一無二の自分に自信が持てるようになっていただきたいと思います。

自分らしくあってよい

1　私たちは、誰もが自分らしくあってよい

これは、私たちは自分の気持ちや考えを持ち、個性を大切にしてよいということです。個性や自分らしさを大切にすることは、利己的なことではなく、人々の生き方の基本です。自分の欲求を持ち、それは他者と同じでなくてもよく、一人で過ごしたいときは一人になってよいということです。

ただ、誰もが自分らしくあってよいということは、他の人もその人らしくあってよいということなので、共に生きていくことはそう簡単ではありません。

一人になりたい人と一緒にいたい人、同じ出来事に悲しむ人と腹を立てる人、ある意見

に対して賛成する人と反対する人など、私たちは日常的に、違いや葛藤を経験します。しかし、ただ違っているだけなのに、自分を卑下したり、逆に相手を劣っていると思ったりするとすれば、その思いはアサーションに影響するでしょう。

私たちは誰もが自分らしくありたいし、同時に他者と共に生きていく必要があるので、違いを知り、そこから起こる葛藤を解決するために、アサーションが必要なのです。言い換えれば、人はアサーティブに自己表現することで個性の違いを理解し合い、互いを受け止め、大切にする努力や歩み寄りができるのです。

その意味で自主的であることと共同的であることは、矛盾することではありません。個性の違いは、葛藤や歩み寄りの必要性を教え、両立の知恵を生み出す源なのです。人類が生きながらえるために、私たちは自分らしく他者と共に生きる道を探し続けてきたのだといっても過言ではないでしょう。

2　人は誰でも自分の気持ちや考えを表現してよい

気持ちや考えを表現してよい

これは「自己表現の権利」ともいわれ、アサーションと密接に結びついています。1の「自分らしくあってよい」ということは、自分らしさを表現することで実現します。他者の尊厳を侵さない限り、自分の思いを表現してよく、自分の気持ちや考えを分かってもらおうとしてよいということです。

実は、人の一生は、自分の気持ちを伝えることから始まっています。ほとんど誰も覚えていませんが、人は生まれたとき大声をあげて泣きます。赤ん坊は、肺に空気を入れるために大声をあげて大きな息をしているのですが、同時に生まれることがいかに大変だったかも訴えています。その泣き声は、強烈な不快感・苦しみを表現しており、「助けて！」という絶叫でもあります。

また、乳幼児は、喜怒哀楽などの気持ちを区別したり、言葉で表現したりできない時期は、すべてを泣くことで表現しますが、これは、お腹が空いた、具合が悪いといった生理的不快感や、嫌い、寂しい、怖いなどの心理的状態を、生まれる前から備えている唯一の「泣く」という表現方法で訴えていると考えられます。

子どもの感情表現はやり取りの中で育てられる

私たち大人は、たいてい、自分自身が昔経験した生誕の苦痛や乳幼児期の不快感を忘れてしまっています。また、たとえ子育ての中で子どもの不快感に気づいたとしても、だからといってすべての苦痛を取り除いてあげることも、完璧に理解することもできません。

ただ、唯一できることは、泣いて危機を訴えている子どものそばに寄り、声かけをしてその子の状態を分かろうとすることです。それは、子どもを受け止めようとする態度と不快感を和らげようとする気持ちの表現でもあります。

たとえば、転んで泣いている幼児に、私たちは「大丈夫?」とか「痛かったね」といった言葉かけをします。受け止めようとする親の声音や態度が伝わると、子どもは落ち着きます。それでも泣き続ける子どもには、思いやりや共感を伝えようとしてみると、「まだ痛い!」とか「違う!」という訴えが返ってくるかもしれません。

子どもたちは、生命を脅かすことに対して怒り、喪失(受け止められないこと)に対して悲しみ、危険に対して恐怖などの感情表現をします。それがまわりの人にうまく伝わり、受け止められることで、その表現でよかったことを学び、気持ちを伝えることに積極的になっていくのです。

大人と感情

大人になっても、もちろん、さまざまな喜怒哀楽、たとえば、疲れている、嬉しい、落ち込んだ、緊張した、腹が立った、寂しいなどを感じてよいし、どの感情も表現してよいのです。

旅行中、いつも仲間と同じ行動をする必要はなく、他の仲間全員が美術館に行く計画に賛成していても、「疲れたから美術館に行くのはやめて、私はホテルにいる」と言ってよいし、親友から「お金を貸してほしい」と言われたとき、「お金は貸さないことにしている」と答えてもよいのです。

「自己表現してもよい」ということを確信していると、人の意に反したことは言ってはならないとか、困ったことを伝えたり助けを求めたりしてはならないと思わないで、どう伝えるかを考えるでしょう。逆に、助けを求められたら断ってはならないとか、不快な気持ちを出してはならないとも思わないでしょう。気持ちや感情を躊躇《ちゅうちょ》することなく表現するようになるでしょう。

自己表現すれば、「本当の自分の気持ち」が分かる

人を不愉快な気持ちにさせないように、反論もせず、自分の不快な気持ちも伝えないで黙っていると、相手はあなたを理解するチャンスを失い、互いに自分らしくつきあうことができなくなるでしょう。

もちろん、相手も自分の気持ちや考えを表現してよいので、そこで葛藤が起こることもあります。

ただ、葛藤や違いが明らかになることを避けて、親、上司、先生に意見を言わなかったり、支援を頼めなかったりすると、その場は何事もなく進むかもしれませんが、誤解のうえに人間関係がつくられていくことになります。

実は、自分の気持ちや意見を言うと、自分の思いがより明確になり、自己理解が進むという効果もあります。そして、他の人も同じように自己表現すれば、互いに自他の違いや類似点が見えてきます。明確になればなるほど、互いに自分の感じ方や意見を変えることも同意することもやりやすくなります。

多くの葛藤の積み残しや未解決な問題は、互いに思いを分かち合わなかった結果起こっていることが多いものです。むしろ、葛藤を怖れず自分の思いを伝えることから相互理解

が始まり、葛藤を一緒に乗り越えることで、かえって関係も深まると思いましょう。

「過ちを償う／謝ることも権利」

3　人間は過ちや間違いをし、それに責任をとってよい

これは「人間である権利」とも言われます。神ならぬ人間は完全ではないので、過ちを犯しますし、その過ちに対して完全に責任をとることはできないのですが、とれるだけの責任をとればよいということです。

たとえば、子どもが遊んでいて、不注意から、飾り棚に置いてあったお祖父さんの形見の壺を落として割ってしまったとします。

割れた壺は元に戻すことも、再度手に入れることもできません。それは、家族にとっては大きな出来事です。家族の一人ひとりは、おそらくさまざまな気持ちを持つでしょう。悲しむ人もいるでしょうし、怒りを覚えて子どもを責めたくなる人もいるでしょう。

このような場合、壺を割った子どもへの気持ちの伝え方は、人によって、第一章で述べ

た「非主張的、攻撃的、アサーティブ」の三種類に分かれるでしょう。

攻撃的な自己表現をする人は「部屋の中で走ったらダメだと言ったでしょ!」「取り返しのつかないことをしたこと、分かっているの!」「どうするつもりなの!」などと、あってはならないこととして子どもを責めたてる可能性があります。

過ちや失敗に対して「許さない」というメッセージを与え続けられた子どもは、常に萎《い》縮《しゅく》し、緊張するようになり、のびのび行動したり、試行錯誤を試みたりしなくなります。

また、そのような過度のストレス下では、かえってミスが誘発されやすくもなります。家族関係は、失敗する→責められる→失敗を恐れる→消極的になる→体験の積み重ねが減る→失敗する→……という悪循環に陥っていきます(このことは、もちろん職場でも同じです)。

人間であることによって起こる失敗を過剰に咎《とが》めたり、厳罰に処したり、今後は絶対にあってはならないという観念を植え付けていくと、その子どもは完全主義にとらわれたり、うまくできそうもないことには挑戦しなくなったりするでしょう。

いわゆる「いい子」に育つかもしれませんが、大人になっても、仕事の場でもルールに縛られ、周囲を気にして萎縮し、まじめに頑張るものの自発性や創造性は発揮できない、依存的・非主張的な人間になる可能性があります。

あるいは、自分が親や上司の立場になったとき、攻撃的な自己表現をするようになり、相手の失敗を責めたてる人間になる可能性もあります。

過ちや失敗はしないに越したことはありません。ものごとが首尾よく進み、成果が上がることは確かに気持ちよいことです。

しかし、人間は完全ではないので、過ちや失敗をします。このような「人間が犯してしまう過ち」は、完璧に償うことができないことも少なくありません。

そこで、アサーションでは「償う／謝ることも権利」と考えるのです。

「謝る」「受け入れる」

「償う／謝ることも権利」と聞いて、不思議に感じられるかもしれませんが、それは、こういうことです。

壺を割ってしまったとき、子どもは、壺を元に戻すことはできないけれども、親の失望や怒りに心から謝ることはできます。これが子どもにとってのアサーティブな表現です。

親の側は、その謝る権利を認め、受け止め、赦すことができます。そしてこれが、親にとっての、アサーティブな表現です。

つまり、失敗をしたら謝る、そして相手はそれを受け入れる、それが、人間が犯す過ちが生じたときのアサーティブなやり取りなのです。

謝ることによって、そしてそれが受け止められることによって、完璧には償うことができない出来事への真の反省と、できる限りの償い、そしてそれを受け入れてくれる相手への感謝も生まれるでしょう。

先に述べたように「謝ることは権利」です。被害を受けた方は「相手の謝罪の権利を認める」、そう考えて謝罪を聴くのです。

完璧に元に戻すことができないことに対して、不完全ながらも償おう、謝ろうとすることは人間にとって大切な権利です。それを認めることによって、自他共に尊重するアサーティブなやり取りが可能になり、失敗を経ても、いい人間関係の継続が可能になるのです。

「やってよいこと」は意外にたくさんある

以上述べたこと以外にも、人がやってよいことは多くあります。

ここではすべてを述べることはできませんが、いくつか、次にあげてみます。以下のような迷いを持ったり消極的な気持ちになったら、人間としてやってもよいことかどうか、ここまで述べてきた三つの項目に当てはめて考えてみましょう。三つのやってよいことからヒントが得られるでしょう。

・この依頼を断ってはいけないのではないか。
・無視されたのは、私がとるに足りない人間だからだ。
・自分の希望は控えめに述べるべきだ。
・感情、特にマイナスの感情（**怒り、悲しみ、寂しさなど**）**は表現しない方がよい。**
・失敗するといけないので、これは止《や》めておこう。

また、ひと言付け加えると、自分がやってよいと思えないときは、他の人はやってよいかどうか考えてみましょう。他の人がやってよいと思えることは、自分もやってよい可能性が高いのです。迷ったときは、自分の権利について確かめ、やってよいことには自信を持って自己表現をしていきましょう。

第三章　考え方をアサーティブにする

前の二つの章では、アサーションとは「自分も相手も大切にするコミュニケーション＝自己表現」だということ、自分も相手も大切にすることは「誰もがやってよいこと＝人権」を知り、それを実行できるようになることだと述べました。

この章からは、アサーションを身につけるための具体的なプロセスに入ります。

1　日頃の考え方を確かめてみよう

五つの考え方について

本章では、「ものの見方や考え方とアサーションの関係」について考えます。アサーティブな言動ができるようになるための一つの準備として、以下にあげる五つの文を参考に考えていきましょう。

次のAからEの文を読んで、回答1の欄に、要領に従って0から4までの数字を記入して答えてください。正解があるわけではありませんので、語句や表現にはとらわれず、正直に答えてください。

〔回答のしかた〕

私の日頃の考えと

まったく合っていない　0
あまり合っていない　1
どちらとも言えない　2
かなり合っている　3
非常に合っている　4

		回答1	回答2
A	危険や恐怖に出会うと、心配になり何もできなくなる		
B	過ちや失敗をしたら、責められるのは当然だ		
C	物事が思い通りにならないとき、苛立つのは当然だ		
D	誰からも好かれ、愛されなければならない		
E	人を傷つけてはいけない		

誰のこととして？

次に、以下の要領に従って、AからEの文を分類してみましょう。

各文章を皆さんは、「自分のこと」として読みましたか？（例：自分はたしかに、危険や恐怖に出会うと、心配になり何もできなくなる……など）

それとも、「まわりの人（他人）のこと」として読みましたか？（例：自分のまわりの人を見ると、危険や恐怖に出会うと、心配になり何もできなくなるようだ……など）

あるいは、「世間一般の常識やルール」として読みましたか？（例：一般に人は、危険や恐怖に出会うと、心配になり何もできなくなる……など）

右の三つの分類に従って、A～Eのそれぞれの文章をあなたは誰のこととして受け取ったか、以下にあげる略号「自」「他」「常」を、各文の回答2の欄に書き込んでください。

・自分のこととして受け取った場合　　　自
・他の誰かのこととして受け取った場合　　　他
・世間一般の常識やルールとして受け取った場合　　　常

人は、ある文を読んだとき、自分のこととして受け取る場合もあれば、他の誰かのこととして受け取る場合もあれば、世間一般の常識やルールとして受け取ることもあります。数字を書き込んだとき、皆さんはどのような読み方をしたのか、改めて確認してみましょう。

回答2に「自」と書き込んだ場合、あなたは、

A：自分は、危険に出会うと心配になり、身動きができなくなる
B：自分が失敗をしたら、責められて当然
C：物事が思い通りにならないとき、自分が苛立つのは当然
D：自分は、誰からも愛されなければならない
E：自分は、他者を傷つけてはならない

と考えて答えていることになります。数字の3や4が多く並んだなら、あなたは日頃から

そのように考え、行動しているということでしょう。

一方、0や1ばかりなら、そのことに対して「そんなことはない」という意見を持っていることになります（例：自分は、危険や恐怖にあっても心配で何もできなくなるということはない！……など）。

一方、回答2の欄に「他」が入る場合は、どうでしょうか。

A：まわりの人たちは、危険や恐怖に出会うと心配になり、何もできなくなるようだ
B：まわりの人たちは、過ちや失敗をしたら、責めてよいと思っているようだ
C：まわりの人たちは、物事が思い通りにいかないと苛立つのは当然と思っているようだ
D：まわりの人たちは、誰からも愛されるような人になるべきだと思っているようだ
E：まわりの人たちは、人を傷つけないようにするべきだと思っているようだ

と読んで、判断しているということになるでしょう。

たとえば、Aについて回答1の欄に3か4を書き込んだ人は、相手を助けたくなったり、そんな体験をしないようにしてあげようとしたり、逆に、困ったものだと思っているかもしれません（例：まわりの人たちは、危険や恐怖に出会うと、心配で何もできなくなる。かわいそうに。なんとかしてあげたい／しょうがないな……など）。

BまたはCに3か4で答えた人は、相手から責められたり、怒られたりしても仕方ないと考える傾向があるのではないでしょうか（例：まわりの人たちは、物事が自分の思い通りいかないとき、当然のように責めたり、苛立つようだ……など）。

DとEに3か4で答えた人は、相手を愛し、傷つけないように頑張っているかもしれません（例：まわりの人たちは、誰からも愛されなければならないとか、人を傷つけてはいけないと思っているので、そのようにしなければ……／そのようにしないとまわりの人たちから責められるだろう……など）。

最後に「常」を書いた場合、あなたはその文章の前に「誰でも」という主語をつけて読んでいることになり、あなたにとっての世間のルールや常識を表していることになります。

回答1の欄に3か4が多い場合は、あなたはそのルールに同意しており、「私も他人も世間の常識として、このように考えたり、行動したりする必要がある」と思っているでしょう（例：誰でも、恐怖や危険に出会うと、心配で何もできなくなるものだ……など）。

逆に0か1なら、「世間の誰もがそうとは限らない」という考えを持っていることになります（例：恐怖や危険に出会ったからといって、誰もが心配で何もできなくなる、などということはない！）。

アサーションのブレーキ

さて、A～Eで示した五つの考え方のいずれかを持っていると、アサーションが苦手になる可能性があります。それを自分のこととして受け止めると非主張的になりやすく、世間一般のこととして受け止めると攻撃的にもなりえます。つまり、これらの考え方は「アサーションのブレーキとなる」とも言えるでしょう。

第一章で、自己表現（コミュニケーション）には、「非主張的」「攻撃的」「アサーティブ」の三種類があると述べました。その背景には、各自のものの見方や考え方が影響を与えていますので、それらを検討してみると、自分の特徴が分かるでしょう。アサーティブになるには「考え方を変える」ことも役に立ちます。
では、ブレーキになるものの見方や考え方は、どのようにつくられるのでしょうか。

2　日頃の考え方はどのようにつくられるか

社会や集団の見えないルール

先のチェックリストに答える作業をしているとき、皆さんは、自分が育った環境、家族、過去の出来事などを思い出しませんでしたか？

子ども時代に教わったこと、過去の経験やそれに基づく価値観や信念が、考え方の基礎になることは多いのですが、そのことを実感できたのではないでしょうか。

ものの見方や考え方は、親や教師、友人などとの交流の中でつくられていきます。いわば社会的・文化的文脈の中でつくられるのです。集団や社会には、それぞれ固有の考え方があり、それはそこでは役に立つので、強化され、信念や価値観として人々の行動の基準になっています。

なかには人々の習慣や文化としても守られていて、生きていくための暗黙のルールや規範になっているものもあります。たとえば、「女性は自己主張しない方がいい」とか「男は泣いてはならない」といった考え方です。

さて、71ページのチェックリストの文章を今度は友人や家族に見せて、0から4までの回答をしてもらい、それぞれどのような意味に受け取り、その背景にはどんな経験や価値観があるのか、尋ねてみてください。

このとき、相手の話をさえぎったり否定したりしないで耳を傾けてください。

そうすると、身近な人々でも意外なまでに考え方やものの見方は違っていること、それには各自の経験や文化の影響などが反映していること、そして自分とは異なっていてもその人ならばそのような考え方をすることの意味が分かるでしょう。

先に、社会的・文化的と言いましたが、県民性とか国民性などもその一つであり、個人と同様よく話し合えば、違いを分かり合うことはできるでしょう。

このような意味で、一人ひとりの考え方やものの見方は、その人が共に生きてきた人々との交流のプロセスで獲得してきたものであり、その考え方に支えられてこれまで生活してきたのですから、決して間違いと決めつけてしまうことはできないと言えます。物事が違って見えたり、人によって違った捉え方をしても、それは必ずしも「間違い」ではなく、互いのものの見方、考え方の「違い」でしかないことも多いでしょう。

自分に合わなくなった考え方は……

ただ、人は学習する生き物です。「子ども時代、過去の経験」を通して考え方を学習し、つくりあげ、適応して効率的に生きていきますが、成長するにつれて、また環境が変わるにつれ、自分を縛るようになったり、通用しなくなったりする考え方も出てきます。

考え方やものの見方は学習したものなので、そんなときは、それを変えたり、新しい考え方やものの見方を学習し直したりすることができます。つまり、自分に合わなくなった考え方はつくり直し、変えることもできるのです。

そして、考え方を変えることで、気持ちが緩やかになり、アサーティブな自己表現がしやすくなり、自信や余裕も出てきます。

余裕というのは、物事の受け止め方についても言えます。「当然だ」とか「べきだ」と決めつける調子ではなく、「そうするに越したことはないけれど、必ずしもそうではないのではないか」というように考える幅や、まわりを見回す余裕も出てきます。

そうすると、不思議なもので、毎日が楽に過ごせるようになります。さらに見方も変わり、考え方にゆとりや広がりが出てきます。

3　五つの考え方の影響を変えるためのヒント

では次に、A～Eの考え方について「どのようにアサーションに影響するのか」「ブレーキになるときはどのように変えればいいのか」を考えていきたいと思います。

危険や恐怖に出会ったとき

A「危険や恐怖に出会うと、心配になり何もできなくなる」だろうか？

誰でも、危険や恐怖にあって、心配になったり、呆然としたりすることがあります。

心配のあまり適切に行動できなかったり、すくんでしまい、言いたいことを言えなくなったりしたら、心配は行動のブレーキになって、役に立たなくなります。

危険や恐怖が引き起こした心配を具体的に回避や予防などに役立てるのではなく、その心配にとらわれてしまい、いわゆる「心配性」のために自己表現や行動の範囲が狭くなっているとしたら、それはもったいないことです。

そこで、呆然としたり、その危険に関わりのある相手に苛立ったりしないで、次のことを考えてみるのです。

① 自分の心配は、具体的にどんなことから来ているのか

② 心配なことが起きたら、どうすれば対応できるか

この二つのことを考えることができれば、心配はアサーションの役に立ちます。

たとえば、次のaとbの発言を見てください。

a（渋滞を心配して、夫に）「連休の初日なので、七時前に出発した方が、国道の渋滞に巻

き込まれないのでは……」

b（初めて取引先と会う後任者へ）「その担当者は、大きな声でずけずけと話しますが、率直に話すだけで、慣れるとかえって助かると思います」

「心配の種＋アイデア」という考え方をする

a、bとも、心配の種＋それに対応するアイデア、を伝えています。

aの心配事は「渋滞にあうのではないか」ということです。

bの心配事は、「初めて挨拶に行く後任者が、取引先の担当者の口調や態度が一見横柄で攻撃的な印象なので、驚くのではないか」ということです。

aの心配について、「国道が混むかも……」と心配しただけでは、対応策は見つかりません。「では渋滞を避ける可能性、方策はないか」と考えてみれば、「早く出発する／その日は出かけないことにする」などの提案ができます。

心配事に対して、もし一人で対応できそうもないときは、誰かに相談することが大切です。

誤解されやすいのですが、人に相談することを必要と認め、決心するのは、「逃げ」や「非主張的自己表現」ではなくアサーションです。

また、検討した結果、危険が大き過ぎて実行不可能と予測したら、危険に近づかず、計画を取り止《や》めるのもアサーションです。

検討して「止《や》める」「やらない」決心をすることは、非主張的になったのではなく、「自分が止《や》めると決め、そのことに責任をとる」という意味で、アサーティブな行動なのです。

「どうしようもない」と考えない

心配を抱え込んだまま、物事を実行に移すことを止《や》めていくと、心配に対処する経験が乏しくなり、心配は軽くならないばかりか、往々にして他の心配も同じように積み残されていきます。心配は次から次へと生じて、やがて心配の山となり、「もし～したらどうしよう！」と最悪の事態を一人で先まわりして想像しはじめます。場合によっては、世の中は危険だらけで前に進めないという思いにとらわれるようになり、パニック状態や引きこもり状態に陥りかねません。

これは極端だとしても、大切なのは、心配を目の前にして一人で「どうしようもない」と考えてしまわないことです。

心配するだけでなく、その心配をきっかけに「危険を避けるために、何か方法があるのではないか」と実現・実行の可能性を探ることです。そうすれば、たいていのことには、方策が見つかるものです。また、まわりの人の意見やアドバイスも引き出せるでしょう。

いざとなったら「明《あき》らめる」

もちろん、ときには、最大限努力しても、恐怖や心配の種に対応できないこともあります。また、予測不可能なことも起こります。たとえば、天災や不慮の事故です。ただ、そこまで心配していたら、一歩も家を出られないし、日常生活も送れません。

ですから、危険や恐怖をヒントにして、できる限り物事を明らかにして方策を立て、それ以外の出来事が起こったときは、諦《あきら》める（明《あき》らめる）しかないでしょう。

実は、「諦める」にはもともと「明らむ」という意があります。物事を「明らか」にすると、思い切ることや受け止めることができるということです。前向きな検討を尽くした結果の「明らめ」は、アサーティブな決心なのです。

失敗恐怖

B「過ちや失敗をしたら、責められるのは当然だ」ろうか

誰でも、なるべく首尾よくことを運び、過ちや失敗はしないようにしたいものです。また、私たちは子どもの頃から、失敗すると叱られ、償い、責任をとるようにしつけられてきました。

確かに、失敗にはささいなものもありますが、人の命に関わるようなこともあり、とりわけ重大な危機は避ける必要があります。しかし、それが「絶対失敗をしてはならない」とか「失敗したら責められて当然」「咎められるべき」「厳罰に処される」など厳守のルールとして固まってしまうと、自他の言動を縛ることになります。このような厳守・厳罰のルールは、「過ちや失敗は致命傷になる」とか「失敗をしないように最大の注意を払わなければダメ」といった「失敗への恐怖心」を植え付けかねません。

もし、常に最大限の能力を発揮し、適切に行動し、成果を収めなければならず、それが

できないと責められ、まわりから認めてもらえない、という思いにとらわれてしまったら、人は何もできなくなり、生きていくこともままならないでしょう。それは、第二章でも述べたように、「人間である権利」(63ページ参照)を認めないことにもなります。

自分を発揮するチャンスを失う

このような思考を自分に言い聞かせている人は、いつも物事をきちんとしなければならないと思い、確実な行動だけをとろうとしますので、確かにドジをふまない頼りになる人です。

しかし、「失敗恐怖」から試行錯誤をする勇気がないために引っ込み思案になりやすく、自分を十分に発揮するチャンスを失うことにもなります。いわゆる「いい子」かもしれませんが、ルールに縛られ、周囲を気にしてまじめに頑張るものの、自発性や創造性は期待できない、依存的・非主張的な存在になる可能性があります。

逆に、このような考え方を他者に当てはめている人は、まわりの人が過ちや失敗をすることを許さず、責めたり、咎めたり、罰を与えたり、償いを求めたりします。相手が失敗しそうなこと、できそうもないことは禁止したくなります。そのことであたかも相手を守っているように見えますが、失敗して遠回りをしながらでも、そこから学ぶチャンスを奪っています。自分の「失敗恐怖」を相手に押しつけている可能性もあります。自分が親や上司の立場になったとき、相手を過剰に咎め、絶対に失敗してはならないという観念で縛り、攻撃的に対応するかもしれません。

いずれの場合も、このような考え方を持っている人は、内心臆病になり、完全主義にとらわれ、うまくできそうもないことには挑戦しないようにするでしょう。

「叱る」「叱られる」ということ

過ちや失敗は、しないに越したことはありません。物事が首尾よく進み、成果が上がることは確かに気持ちよいことです。しかし、人が過ちや失敗をしたときは、それをいくら責めても成長にはつながりません。

なぜなら、人は一方的に「ダメだ」とか「それはよくない」と言われると、「まずかった」ということは分かったとしても、ではどうすればよかったかについて分かるとは限らないからです。

責められただけでは、恥ずかしくなったり、申し訳なく思ったり、萎縮したりして、黙り込んだり、「すみません」としか言えなかったりする人がいるでしょう。つまり、非主張的になっていくことはあっても、アサーティブな前向きの取り組みをする助けにはならないのです。

逆に、責められると脅威を感じて、自己防衛的になって反論したくなったり、自己正当化のために相手を攻撃する人もいます。このような責めのやり取りが始まると、過ちの重要なポイントが伝わらないために、失敗が繰り返される可能性があります。

いずれの場合も、過ちや失敗を認め、是正し、新たな学びをするチャンスを失うことになります。

過ちや失敗はありえるものであり、そのときは責めるのではなくきちんと理解できるように指摘し、繰り返さないようにするにはどうしたらよいかを確認することが大切です。それは感情的にならずきちんと「叱る」ことであり、感情的になったり攻撃的になったりして「怒る」ことではないのです。

「過ちや失敗をしたら、叱られることはありえる」というのがアサーティブな考え方でしょう。

第二章の繰り返しになりますが、過ちや失敗はしないように留意することが大切です。

とりわけ安易なミスや不注意から起きた間違い、ルール違反などは見逃さず、きちんと直面して回復させる必要があるでしょう。それがアサーティブな取り組みです。

そして同時に、その失敗は、人間としての不完全さから犯したものかどうか、その可能性について経過と結果をふり返って見極めることも大切です。その場合も、否認したり逃げたりせずに自分のしたことを認め、自分ができる限りの償いをすることはできるのです。

思い通りにならないときの悪循環

C「物事が思い通りにならないとき、苛立つのは当然だ」ろうか？

私たちは、物事が思い通りに運ぶことを望み、期待外れなことがあると、戸惑ったり、がっかりしたりします。慌てたり、落ち着かなくなったりすることもあります。

しかし、「思い通りにならないときは苛立って当然」「思い通りに物事が進まないときには欲求不満になって当然」となると、現実的ではなくなります。

「思い通りにならなければイライラするのは当然」という考え方は、嫌な気持ちを生じさせた相手や物事に対する怒りを引き起こします。

たとえば、子どもの成績が悪いから怒り、病気になると苛立ち、部下や妻が言った通りにしなかったと腹を立て、上司や夫が勝手だと不満を持ちます。極端になると、思い通りにいかないのであれば死んだ方がましだと思ったり、邪魔するような人はやっつけたいと思ったりします。

えんえんと夫婦喧嘩や親子喧嘩が続いたとき、後で反省してみると、両者が相手を思い通りに動かしたい気持ちだけをつのらせていることに気づかされます。

「自分が苛立って当たり前」「欲求不満は相手の言動から起こる」と思い込むと、相手を変えようとしてますます強硬に主張し続けることにもなります。互いに相手の言い分には耳を傾けないので、アサーションの「話す」「聴く」の相互作用が起きるはずもなく、一方的な攻撃的やり取りのくり返しと苛立ちの悪循環にはまっていきます。

こんなとき、立ち止まって、「苛立って当然だ」という思い込みについて考えてみましょう。

本章の前半でも述べたように、人は物事をそれぞれ異なった立場から捉え、異なった意味づけをし、異なった受け取り方をします。性格も、学んできたことも、「当然と思っていること」も違います。みな異なったものの見方、価値観をベースにしているのですから、自分と百パーセント同じ考え方の人などいないし、思い通りに動いてくれない方が普通でしょう。

相手の気持ちを考える——自分の考え方を変える方法1

アメリカのある心理学者は「過去と他人は変えられない」と言いました。彼はまた、「他者を変えることはできないが、自分を変えることはできるし、自分が変われば相手が変わる可能性がある」とも言いました。

大声を出して騒いでいる子ども、予定通りに報告をしない部下、手伝ってくれない夫や妻に対して強引に働きかけても、相手は反発したり、気分を害したりするだけです。いくら相手を変えようとしても、相手自身がその気にならなければ変わらないのです。

このようなときは、どのような対応をすればよいのでしょうか。

もし自分の考え方を変えるとすれば、方法は二つあります。

一つは、「人はそれぞれ異なる考え方をしているので、自分の思い通りに動くことはない」ことを認め、自分と異なる相手の考え方を理解しようとすることです。「子どもは大声を出して遊ぶのが楽しいのだろう」と想像してみるとか、「部下が期日を守らないのには、どんな事情があるのだろう」と本人に聞いてみるなどです。

そのうえでできることは、苛立つのではなく、具体的に変わってほしいことを相手にていねいに頼むことです。なるべく具体的に「もう少し静かに話してほしい」「報告期日を守ってほしい」「○○を手伝ってほしい」と頼むのです。

相手が同意すれば、「はい」が返ってくるでしょう。「いいえ」が返ってきたときにはどうしたらよいかについては、第一章で述べた、アサーティブなやり取りを思い出してください。「いいえ」が返ってきたときは、歩み寄りのアサーションが必要なのです。

「感情は自分が起こすもの」と考える——自分の考え方を変える方法2

もう一つの方法は、感情は何かに触発されて起こっていますが、その感情は自分のものだと受け止めることです。つまり、「感情は自分が起こしているのであって、相手のせいで起こっているわけではない」のです。

同じ出来事や人の言動に対して、誰もが同じ感情を持つかというと、そうではありません。

乗っている電車が動かなくなったとき、怒る人もいれば、慌てる人、冷静に対応する人などいろいろいます。人身事故に遭遇したとき、胸が張り裂けるほど悲しいと感じる人も、恐がって逃げる人もいます。極端な場合は、同じ出来事について悲しむ人と喜ぶ人がいることもあります。

つまり、あることに対する自分の心の中の感情は自分が起こしているのであって、きわめて個別的だということです。

感情を自分が起こしているのであれば、「思い通りにならない出来事に苛立つ」というのは、思い通りにならないとき苛立つ自分の傾向が、相手の言動がきっかけになって刺激されたということになります。

感情は自分の状態を知る手がかり

そのような意味で、感情は自分の状態を知る重要な手がかりであり、「その感情を持ったことはあなた自身の特徴を示している」と受け取ることができます。

したがって、感情を善悪で判断せず、ありのまま受け止め、その感情が自分にとってどんな意味があるか確かめてみることが肝心です。その感情は何らかの形であなた自身の状態を教えてくれる信号で、あなた自身に変化を促している可能性があります。そのような感情は、必要に応じて表現することが大切でしょう。

ただし、苛立ちをそのまま表現してよいということではありません。相手が自分の思い通りに変わるべきだと苛立つのではなく、自分の苛立ちが発している信号の真意を相手に伝えることです。

子どもが騒がしいと感じたときは、「大きな声で部屋の中を走り回ると、自分は落ち着かないので、走らないでほしい」とか、「期日までに報告が来ないと仕事に差《さ》し障《さわ》りが出て、○○ができなくなるので守ってほしい」と気持ちと願いを伝えることです。

つまり、「思い通りにならないと、苛立つのは当然」ではなく、自分が起こしている感情は自分の変化の必要性を示している信号なのです。変化のためには相手の協力が必要な場合もあり、そのときは苛立って相手を変えようとするのではなく、「お願い」として表現することです。

「いいえ」から始まるやり取りでも、意思を確かめ合おうとすれば、互いに変化をつくりだす動きが始まります。変化とは、自分を正直に表現し、理解を深め、提案し合い、新たな方向を探ることで訪れるものなのです。

誰でも愛されたい、でも……

D「誰からも好かれ、愛されなければならない」だろうか

人は誰からも／いつでも愛されたいと望みます。嫌われたり、排除されたりすることはつらいことであり、誰からも受け入れられないで生きることは耐え難いことです。

しかし、「誰からも、常に愛されなければならない」と思っていると、ぎこちなくなります。

「人に嫌われないようにしよう」「誰からも愛されるようになりたい」という傾向がこうじると、相手の反応を気にしすぎたり、自分らしさのない「八方美人」の言動をとったりするようになります。

幼い子どもは、父母に嫌われたら見捨てられるのでは、育ててもらえなくなるのでは、という危機感を抱き、親の意向に合わせることで愛してもらおうとします。

この傾向を持ちやすいのは、既成の集団に加わる新入生、新入社員、転校生や転勤・転居者などです。経験による礼儀やふるまい方を身につけていたとしても、新しい集団の価値観や行動規範、ルールなどに馴染みがないという意味では幼い子どものようなもので、排除されないために適応しようとします。

しつけや教育の中で、叱られたり、くり返し何度も練習させられたり、失敗のやり直しをさせられたりしても、大切にされ、ありのままの自分が愛されていることを実感できている子どもは、それを「排除や嫌悪」とは受け取りません。でも、幼児期に失敗や間違いをするたびに「ダメ出し」をされ続け、愛されていないと受け取ってしまうと、人の意向にそわないと愛されない、と必死に人に合わせようとするようになります。

相手の気に入るような言動をし、相手に合わせて自分を変えることで愛されようとしていると、自発性、個性はつぶされ、等身大の自分を発揮して好きになってもらうチャンスを失います。

現実は、「誰からも好かれることは無理だし、また、みんなに好かれなければならないこともない」のです。

もし好かれなくても……

もしある人に好かれなくても、それはあなたの問題ではなく、相手の好みの問題かもしれません。すべての人を喜ばせることは不可能です。自分の好きな人、大切な人に好きになってもらえれば、それでいいのではないでしょうか。

もちろん、自分が変えたい部分は変えてもよいのです。それで相手に好かれなくてもよいし、自分を変えないで相手から好かれても好かれなくてもよいわけです。

くり返しますが、すべての人に気に入られるのは不可能です。また、相手の好みに左右されないように自分らしさの追求をしましょう。

アサーションとは、誰からも好かれるための方法ではなく、自分を知り、かつ自分を最大限に発揮するための方法です。自分をまず自分がほめ、好きになり、その自分を好きになってくれる人に出会うことが大切だと考えることが、アサーティブな考え方の基本なのです。

E 「人を傷つけてはいけない」だろうか？

「人を傷つけたい」とわざわざ思う人はあまりいないでしょう。自分が傷つくのはいやなのと同様に、相手を傷つけることも避けようと思う人がほとんどでしょう。

でも、神経質になりすぎて、「人を絶対に傷つけてはならない」という考えにとらわれすぎると、そのような言動に対して、自分にも他者にも厳しい監視の目を光らせるようになります。ひたすら相手を傷つけないように、態度に気をつかい、控えめなものの言い方をする一方で、相手も同様に配慮すべきだと考えるようになります。

この考え方は、一見とても配慮に満ちているように見えますが、実は大きな落とし穴を含んでいます。考えてみると、人を絶対に傷つけないようにすることは不可能だからです。

人が何によって傷つくかは、人によって異なります。Aさんがどんなことに傷つくかすべて知ることはできませんし、たとえ分かったとしても、状況によっては配慮できない場合もあります。

一般的に「こういうことをすれば／言えば人を傷つけてしまう」ということには気をつけていても、それ以外の思いもかけぬことで特定の相手を傷つけてしまうことは、ありえます。

たとえば、大事なことを隠されるのが嫌いな人は、遠回しな言い方をされたり、あいまいな言い方でぼかされたりすると、嘘をつかれたような気持ちになり、信頼されていない、と傷つく可能性があります。悪口や批判でなくても、自分についてのコメントを直接言われず、自分のいないところでみなが口にしていることに気づいたら、いじめを受けたような気分になり、傷つくでしょう。

逆に、はっきり言われることで傷つく、だから言わないでほしいと思っている人もいます。そのような人は、黙っていてくれたり、なんとなく遠回しに言われたりする方が、相手に配慮されていると感じるでしょうし、自分もはっきり言わないことが多いでしょう。

逆にストレートにコメントする人は無神経なひどい人と受け止める可能性もあります。

「絶対に人を傷つけない」ことは不可能

人が傷ついたり、傷つけたりすることには個人差があり、それゆえに非常に微妙な問題が生じます。したがって、そのことについての考え方にも違いがありえます。

それでは、この問題について、どのように考えるとアサーティブになれるのでしょうか？

まず、人を傷つけない配慮はもちろん大切ですが、現実は、「いくら気をつけていても、人を傷つけてしまうことはある」と覚悟しましょう。

そして、傷つけてしまったら、「そんなつもりはなかった」と自己弁護したり、相手の方が悪いような言い方をしたりせず、相手が傷ついたことを認めることが大切です。

一方で、自分が傷ついたときは相手を責めず、穏やかにそのことを伝え、「自分はこのことに傷ついたのだ」ということを分かってもらって、今後の配慮をお願いするのです。

それがアサーティブなやり取りです。

最後に付け加えると、人はある程度傷つく経験を重ねることで抵抗力がつき、ささいなことでは傷つかなくなります。そのことも覚えておきましょう。

自分の考え方を再検討してみよう

さて、ここまでアサーションに影響を与える考え方の中から、私たちの日常に大きく関わる代表的なもの五つを選んで検討してきました。

これらの考え方は、極端な思い込み＝「～べきだ」「当たり前だ」「当然だ」というふうになると、アサーションへのブレーキになって、非主張的自己表現になったり攻撃的自己表現になったりします。

一方、逆の見方をすれば、これらの考え方は、各自の生き方のなんらかの指針や信念でもあります。自分の対人関係にふさわしいものに変えていくこともできれば、各自を支える指針として適切に活用することもできます。

極端な思い込みは自分や相手を縛り、身動きをとれなくしますので、その縛りを緩めることをお勧めします。そうすると、アサーティブな自己表現をしやすくなるでしょう。

一方で、信念や価値観は、人生の道しるべとなり、その道しるべが物事の選択や決断を助けます。自分が息苦しくならない限り、自分の考え方を大切にすることが、自分らしくアサーティブに生きることでもあります。

なかなか難しいことですが、自分の日頃の考え方については、その考え方によって自分がうまくやれているかどうか、検討していくことを勧めます。

その他の「自分を縛る」可能性のある考え方

最後に、この章で紹介した五つ以外に「人を縛る可能性のあるものの見方・考え方」をあげておきます。

一つずつ詳しく説明することは省きますが、各文を読んで、自分はどうだろうか、と考えてみてください。

- **自分の感情をコントロールすることはできない。**
- **困難や責任のあることは、直面するより避ける方が簡単だ。**
- **無気力になったり、怠惰になったりすることは必要だし、また快い。**
- **常に有能で、業績をあげていなければならない。**
- **過去の人生経験や過去の出来事は現在の問題の原因となっている。**

もしその考え方が自分にとってのブレーキになっていると思ったら、「そのようになることもあるが、必ずしもそうではない」とか「そんなことがすべての人に共通なわけではない」と思って、読みなおしてください。そして、ここまで述べてきたことを参考にして、考え方を変えるかどうか、決めてください。

自分らしくあるために

私たちが正しい答えと思っていることは、必ずしも真実とは限らず、その人の価値観であり、それを変えるのも変えないのもその人の自由です。

人は、ある基準や価値観によって物事を判断し、よりよい言動を選んで生きています。それは、その人の性格、生きている状況や環境によって違います。誰にも自分により適した動きをするための判断と行動基準があり、状況や生き方が変わるとそれらを変える必要もあり、また変えることもできます。

まず、自分のものの見方を確かめて、それがどのようにして形成されたかをふり返ると、自分らしさが分かり、自分を受け入れることができるでしょう。受け入れることで自分が楽になったら、そのままでもよいし、考え方を変えることがより自分らしいと思ったら、変えてもいいわけです。

また、相手も同様に、その人らしい考えや生き方をしたいと思っている可能性があり、相手が変えようと思えば変えることができることも覚えておきましょう。

自分らしくなるために変わることを怖れないことも大切ですし、変わらずにいて自分の信念や価値観を生き続けることも大切でしょう。

そんな私たちを互いに受け止め合うには、まずアサーティブに自分の考えや感じを伝え、理解し合うことから始めることが大切でしょう。

第四章　アサーションで身につく三つの力

ここまでの章では、アサーションというコミュニケーションについて、非主張的な表現でも攻撃的な表現でもない「自分も相手も大切にする表現」であること、そしてアサーションには表現の方法だけでなく、人権に支えられた自分と相手を大切にする気持ちが必要なこと、さらにアサーションには私たちのものの見方や考え方が深く関わっていることを理解してきました。

これからの章では、アサーションができるようになると、私たちの日常生活、人間関係、そして生き方にどのような力がもたらされるかということについて考えていきます。

アサーションの目的は、相互に尊重するやり取りをして、さわやかな人間関係をつくろうとすることですが、第一章のチェックリストでも見たように、コミュニケーションにはさまざまな場面があり、それぞれの目的によって言い方や強調点を変えることも必要です。

本章ではまず、コミュニケーションの場面を目的によって大きく二つに分け、それぞれにおけるアサーションの機能を明らかにし、機能に応じた自己表現について考えていきます。

そしてさらに、その二つの機能をつなぐアサーションを試みることにしましょう。

二つの場面とは、私たちが仕事や課題を中心に話し合っている場面と、人間関係をつくることに重点を置いて話し合っている場面です。

前者はたとえば会議の席で議論したり、交渉事を進めて結論を出そうとしている場面であり、後者はたとえば食事やパーティーの席などで会話をしているときです。

日頃の生活の中で、この二つの場面は明確に分かれているときもありますが、同時に進行していたり、交互に出てきたりすることもあります。

ただ、それぞれの目的・機能は異なっていますので、分けて考えてみると、アサーションのポイントが明確になります。

私たちが仕事をしたり、問題を解決しようとしているときのアサーションと、よりよい人間関係をつくろうとしているときのアサーションでは、強調するポイントが異なっていますので、表現法にも特徴があるということです。

ここでは前者をタスク（task 課題）のためのアサーション、後者をメンテナンス（maintenance 維持）のためのアサーションと呼んでおきます。

1　タスクのためのアサーション

目的を遂行し、課題を達成する力

私たちが仕事の場で仲間と協力し、連携をとって計画を立てたり問題解決を図ったりするとき、そのコミュニケーションはタスク（課題）を中心に行われます。そこでは、特定の目的を達成するためにより有効なやりとりや行動をするためのコミュニケーションが要求されます。

仲間と作業をする場、会議や討論の場、交渉の場などでは、その目的や課題に沿った情報や考えの分かち合いが必要であり、結論や成果を出すために、選択肢を出し合ったり、議論をしたりする必要があります。そのためには、論理的思考や分析結果、また具体的提案や方法を伝えるコミュニケーションが要求されます。

また、そこでは、歩み寄りや合意に達するための話し合いも必要であり、合意された結論は記録されます。そのような場面では、どちらかというと、論理的思考や抽象的な言語表現が優位に使われます。

言語的な表現

ちなみに、言葉や文字はデジタル信号と呼ばれます。デジタルとは時計の分針が1分進むとか、分刻みで数字が出てくるようなもので、0か1かの違いを「カチャ」と区別して示すことです。分刻みで表示される時計は、いわば、ある時点で選択したり割り切ったりしていることになります。言語や文字はそのようなものだというわけです。

つまり、「悲しい」とか「怒っている」という言葉は、感情の違いを大まかに区別して伝えてくれます。しかし、悲しみや怒りの程度やプロセスは伝えてくれませんので、デジタル信号なのです。

時計に秒針があればプロセスが分かるように、悲しみの程度や怒りの激しさは非言語的な表現で伝えることができます。その点で、視覚や聴覚に訴えるような情緒表現はアナログ信号です。

先ほど述べた課題を実行するには事実の客観的描写や決断が必要であり、その意味で、デジタル信号である文字や言葉が有効ということになります。

とりわけ仕事の世界でタスクを達成するためには、監督者や指導者は担当部署の目的と課題を遂行するために、例えば生産性や能率を上げ、仕事の完成度を高めるためのコミュニケーションが必要になります。指導、助言、相談といった方法を駆使して、知識や方法、スキルの伝授などを具体的に、手順に沿ってやり取りしていきます。

また、そのリーダーの下でメンバーとしてタスクに携わる人々には、各自の能力やスキルをフルに活用するためのコミュニケーション、例えば、質問する、報告する、連絡するなどの能力が求められます。

このような課題達成を中心とした仕事や研究、生産の世界では、目的に向かって人々は力を出し合い、要求されている成果をあげることに力を集中します。また、学校なら、目的に向かって生徒たちが力を出し合うことで、それぞれが成績をあげ、作品を完成させ、能力を発揮し、運動会や文化祭などでのチームプレイによって大きな成果をあげます。そして、このことで同時に仲間意識も高まります。

ただし、タスクの世界には情緒表現や共感がないとか不要だというわけではありません。次に述べる日頃の人間関係や心身の健康が、タスクを支えていることを忘れないようにしましょう。

2 メンテナンスのためのアサーション

人と共に生きる力

「メンテナンス」という言葉は、最近よく使われるようになりました。直訳すると「維持」「回復」と言う意味で、普通の状態を維持するとか元の状態を回復するといった意味で使われます。「この建物はメンテナンスがいい」とか「コンピュータをメンテナンスに出さなくちゃ」という場合です。補修や修復を意味することもあります。

メンテナンスを人間に対して用いる場合は、生命や関係が維持され回復している状態を指します。

人が平常を維持し、活動のエネルギーを回復するためには、睡眠やバランスのとれた食事、そして安定した人間関係が必要です。つまり、メンテナンスなしに人は生きていけないのであり、そのためのコミュニケーションが必要なのです。さらに、先に述べたように、人がタスクを遂行するためにも、メンテナンスは重要な支えとなります。

メンテナンスには、タスクを遂行するときのような言語的表現や論理的思考よりも、非言語的行動や情緒的表現が有効です。論理的に割り切ることよりも、途中のプロセスやあいまいさ、白黒つけがたい思いを伝える表現や声の調子、表情などの「アナログ信号」が活用されます。

たとえば、「困っている」「戸惑っている」といった気持ち、「憎くもあるけれど、かわいそうでもある」といった両価的な感情は、0か1かのデジタルの世界にはおさまりきらず、小説家でもない限り、なかなか言葉で伝えるのは難しいでしょう。

このような微妙な気持ちや状態を伝えるには、人の表情や態度、声の調子や身振りなどによるメッセージが大いに助けになります。また、それを読み取り、その場の関係や状況にふさわしい反応をすることも必要です。

人はこのような微妙な世界を理解してもらいたいし、それを分かってもらえないと、失望し、苛立ちます。この世界を理解し合い、分かち合うためには、相手の気持ちに共感し、受容する表現や、思いやりや配慮の言葉かけが必要になります。

このようなメンテナンスのニーズを満たすためには、たとえば一緒にお茶を飲んで雑談をしたり、飲みに行ったりして、面と向かって、直接働きかけ合う場が重要になります。一瞬で消える情緒や細やかな心の動きをその場で分かち合うことで、心のつながりを維持することができるのです。

六種類の言葉かけ

メンテナンスの言葉かけの代表的なものには、「慰め」「励まし」「労《いたわ》り」「称賛」「感謝」「挨拶」があります。

読者の皆さんは、この六種類のメンテナンスの言葉かけをどれくらい頻繁にしているでしょうか?

職場で「お疲れさま」と気軽に言葉をかけますか? 出先から戻ってきた同僚にいきなり「それで結果はどうだった?」と声をかけていませんか? 学校から帰ってきた子どもに「宿題はないの?」とか「試験はどうだった?」などと声かけしていませんか?

人は日常生活の中で、メンテナンスのためのコミュニケーションを気軽に、自然にすることで、生命と関係を維持することができ、そこから心の健康、所属感、協力、親密さなどを得ていくのですが、現代の日常生活では、このメンテナンスのための言葉かけをする場面が減ってきているように思われます。

目の前のタスク（課題や仕事）に追われる日常は、身体のエネルギーを使い果たしたまま、回復することを許さず、過剰なストレスを心身にかけて健康や心の安定を失わせています。皮肉なことに、「現代人は、メンテナンスのアサーションをどうするかというタスクを抱えている」と言えるかもしれません。

右にあげた六種類のメンテナンスの言葉かけは、ほんの瞬時にできることでありながら、どれだけ人の心を豊かにすることか！　これらは自他尊重のアサーションの基盤になるものです。

日本語の力

考えてみると、相手によって使い分ける日本語の敬語は、そのようなメンテナンスの機能を補う力を持っています。

敬語は尊敬語・謙譲語・丁寧語と区別され、自分と聞き手の立場と会話の登場人物の位置づけを考慮した表現を駆使することができ、語感を和らげたり、ニュアンスを加えることで細やかにメンテナンスすることができます。

人を表す普通名詞に「さん」をつけて、「母さん」「弟さん」「運転手さん」などと呼び、目上の人に対しては「来る」「いる」でなく「いらっしゃる」、自分については「行く」のかわりに「参る」とか「伺う」を使います。「お酒」「ご依頼」などの「お〜」「ご〜」や

「です／ます」調の言葉づかいなども、敬語に含まれます。

また、これは日本語だけではありませんが、日常の挨拶の表現にも同じような働きがあります。たとえば「おはようございます」「おやすみなさい」「いただきます」「ご馳走さま」「行ってらっしゃい」「お帰りなさい」「さようなら」「ごきげんよう」などには、相手を思いやり、相手との関係を維持しようとするメンテナンスのメッセージが込められています。

このような日常の挨拶を他の国ではどう表現するか比べてみると、日本語の挨拶はメンテナンス機能がより豊かなことに気づきます。

たとえば、英語の朝の挨拶は"Good Morning"（good＋morningとして直訳すると「いい朝です」）ですが、「おはようございます（「早い」のていねいな形＋ございます）」は相手の存在を意識した言葉かけだと言えます。

読者の皆さんは、右にあげた挨拶を、知っている外国語にしてみてください。その中には他の国にはないものもあることに気づかれると思います。日本語がいかにメンテナンスを気遣ったものかが分かるでしょう。

3　自己実現のアサーション

二つのアサーションのバランス

メンテナンス（関係維持）のアサーションには、自分や他者の気持ちや考え、存在そのものを受け止め、それに応答し、協力、協働しようとする姿勢と言動が含まれます。そこには、人を落ち着かせ、心地よくし、前向きにする言葉かけがあります。

それに対して、タスク（課題）達成のためのアサーションとは、状況をしっかり分析し、問題を見定め、客観的に妥当な解決策を決め、実行するためのやり取りです。そこでは、客観的な描写や事実や手順の確認と共有、そして明確な方法や指示の伝達が必要です。

この二つのアサーションの機能は、完全に分かれていることは少なく、状況と必要に応じて適切に使い分ける必要性を、分かっていただけたと思います。

後者のような、会議や議論の場では、話し合いが目的にそって進むように交通整理をする司会者を立てたり、作業の現場には工程が首尾よく進むようリーダーや監督者を置きますが、それはタスクの進行にメリハリをつけ、適切な決断を効率よく促すためです。

しかし、それだけでは、ものごとの進行は機械の操作と同じになり、いきすぎると相手に対する無関心、正解志向、決めつけや相手の立場を無視した命令などが増え、人の違いや独自性を活かすことにならないばかりか、互いの人間関係も疎遠になっていく可能性があります。タスクの場でも相手に関心を向けて理解しようとし、関係をつくり、協力するメンテナンス機能が必要になってくるのです。

一方、メンテナンスのアサーションについても同じです。

食事中やおしゃべりしているときに、もし司会者やリーダーがいたら、堅苦しいものになってしまいます。そのような場では、誰もが参加・発言でき、和やかで楽しい時を過ごしたいものです。とはいえ、そのような席でも、一人が話を独占したり、ある話題に関心のある人々だけが楽しんだり、激しい議論が続いてしまうと、時に人間関係の促進や維持に邪魔になることも起こります。

そんなときメンバーには、話の方向や話題を変えたり、話をしていない人に問いかけたり、議論の仲裁をしたりして、プロセスや雰囲気を切り替える働きをするといったタスク機能を発揮することが求められます。

このように、仕事や課題を行う中にもメンテナンスは必要ですし、関係を維持するためのタスクもあるのです。その使い分けとは、「切り替え」と「つなぎ」をうまく統合することです。そのヒントを、お伝えしておきましょう。

「愛することと働くこと」

私たちの生活は、いわば、人と共に生きる力と目的・課題を遂行する力の両方で成り立っています。

別の言い方をすると、精神分析家のフロイト（Freud, S.）が言ったように、私たちは「愛することと働くこと」両方を望んで生きていると言うことができるでしょう。

それは、近年盛んに強調されるようになった「ワーク・ライフ・バランス」を意味しているとも言えます。人は、愛すること＝まわりの人々と親密な関係をつくることと、働くこと＝目的を遂行することを共に望んでいるのであり、そのバランスが大切だということです。

このバランスは、図1のようなイメージになるのではないかと思います。

図の真ん中の線は、平常が維持されているところです。

平常を維持するためには、食事、睡眠、人間関係などのメンテナンス機能が不可欠であり、それが一定程度に保たれ、回復されていて初めて、人は課題に向かった働きができる

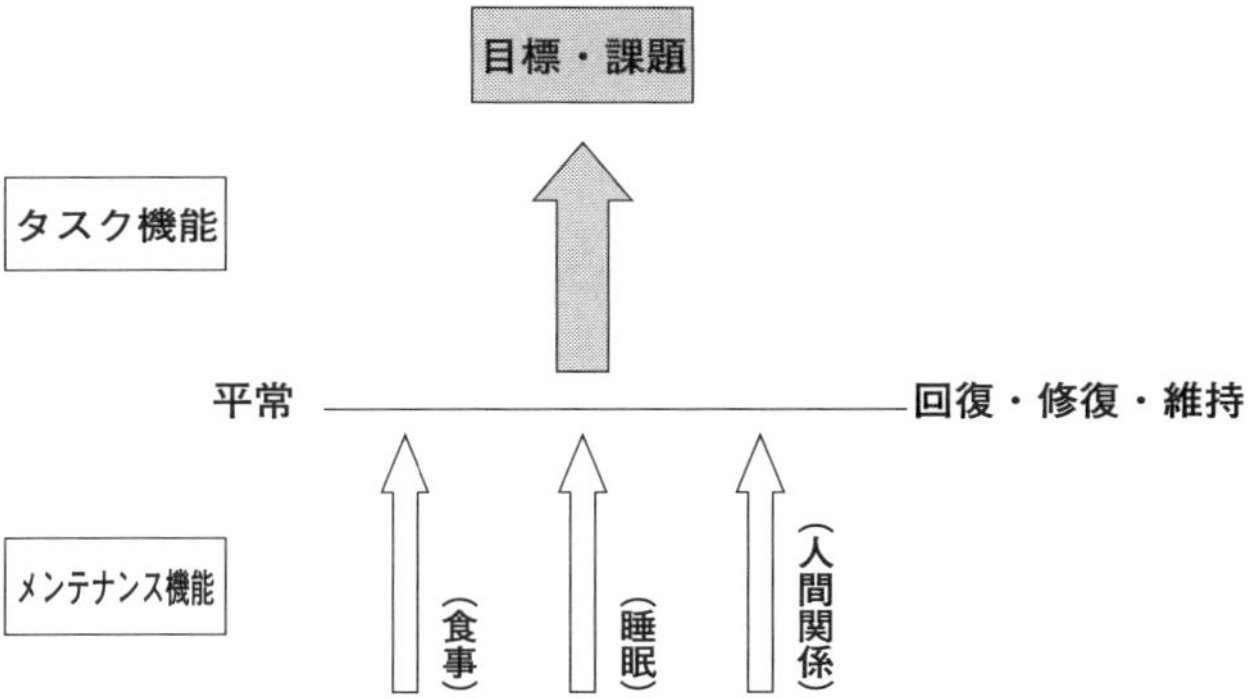

図１　タスクとメンテナンス機能のイメージ

ということを示しています。とりわけ人間関係には、ケアする、愛する、つながるといったメンテナンス力が欠かせません。

先に述べたように、私たちの日常には、タスクとメンテナンス両方の働きを支えるコミュニケーションが必要であり、その鍵は両機能を活用したアサーションにあるのです。

五つの欲求

右にあげたような考え方について、マズロー（Maslow, A.）という心理学者は、人は五つの欲求を段階的に実現しながら生きていると述べました。

その考えを図にすると、図２のようになるでしょう。

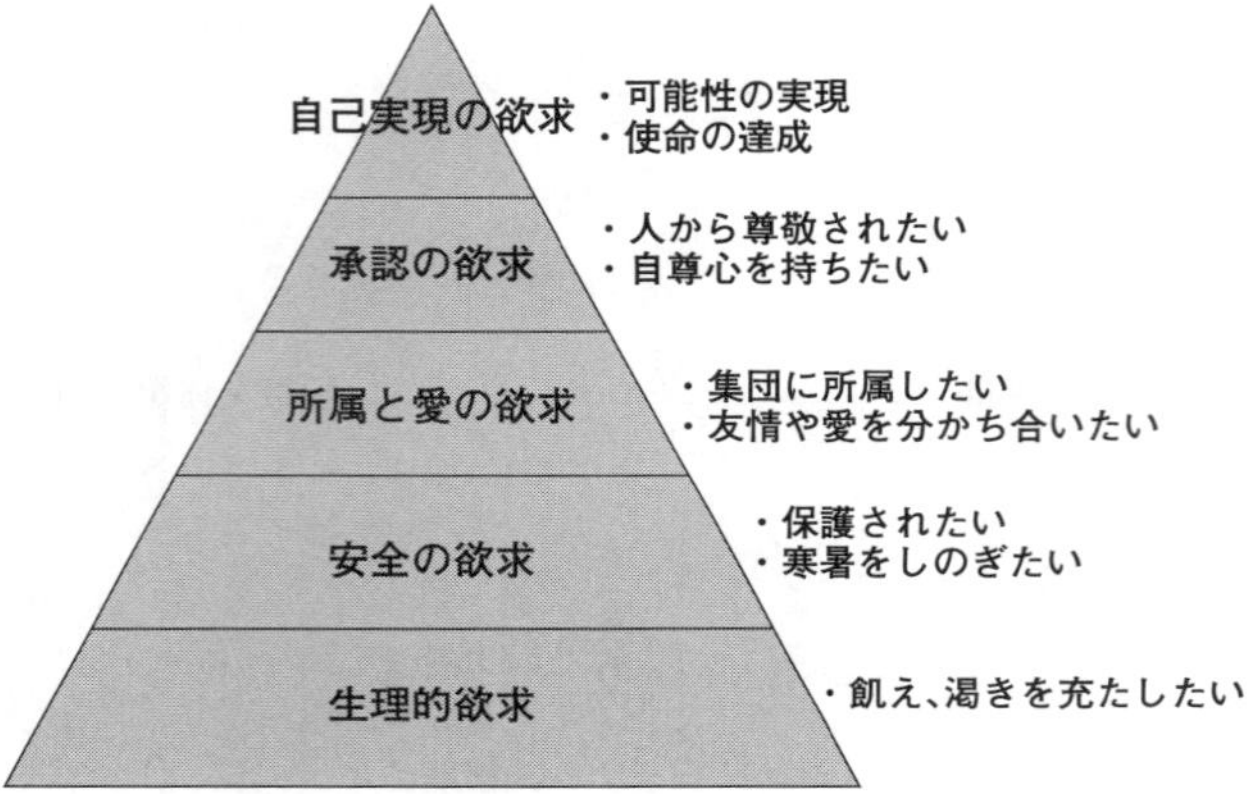

図２　欲求の五段階説（Maslow, A.）

マズローは、人は、「生理的欲求」がある程度充たされないと「安全の欲求」が出てこないし、それが充たされることで徐々に次の欲求が出てくると述べています。

その意味を込めて、図2はピラミッド形にしました。一番下の段の「生理的欲求」とは、山で遭難したとき人はまず水が欲しいと思い、下から二番目の「安全の欲求」とは、安全な場を確保しようと思う、といったことです。この二つの欲求は「基本的欲求」とも言われていて、生命を維持するためには、ほぼ同時に充たされることが重要です。

この二つがある程度充たされると、下か

らも上からも三段目の「所属と愛の欲求」が出てきます。

人間は食と住といった物理的ニーズだけでなく、受け止めてもらえ、安心できる環境、つまり心理的ニーズを充たしてくれる人が必要であり、それなくして人間の居場所はないということです。

言い換えれば、十分な食事が与えられ、冷暖房完備の家があっても、「そこにいてもいいよ。誰が何と言おうと、私があなたを護りますよ」という情緒的、心理的メッセージを伝える存在が必要なのです。

このような環境のことを心理療法では「抱え環境」と称しており、人間を含めて未熟な状態で生まれてくる動物の成長には不可欠だと言われています。

「承認の欲求」

ここまでお話ししてきた「生理的欲求」「安全の欲求」「所属と愛の欲求」の三つの欲求が充たされるには、先ほどから述べてきた周囲のメンテナンス機能が必要であり、それらがある程度充たされると、「承認の欲求」が出てきます。安全が確保され存在を受け止められる居場所があり、サポートが得られることで、自分の能力を発揮して何かを実行したいという欲求が自然に湧いてくるのです。

幼い子どもは、会話ができるようになると「どうして空は青いの？」などとさまざまなことを知りたがったり、「積み木をうまく重ねよう」と遊びに一生懸命になったりしますが、これは「承認の欲求」を充たすプロセスでもあります。

そのときの年齢に応じて、成果や理想に向かって力の及ぶ限り課題に取り組むことは、誰にとっても大切です。そのプロセスで、私たちは、他者と成果や業績を比較したり、優劣を争ったり、やり方や関心の違いを発見したり、時には自分を誇らしく思ったり、落胆したりしながら、「承認の欲求」を充たしていきます。

課題を達成し、成果を上げ、成功を体験することは私たちの自信や自尊心を高めることに役立ちます。逆に、課題に取り組んだ結果、目的が達成されなかったり、失敗したりすることもあり、そんなときは自信を失い、劣等感を覚えます。

重要なことは、何度かチャレンジして失敗したとき、それが自分に適していないことや高望みであることを知ることです。

それが明らかになったとき、人はあきらめる（明らめる）ことができますし、自分のできることを探すことにエネルギーを注ぐことができます。同時に、他者の成果や業績に対して尊敬の念を抱き、心から称賛する気持ちになれます。「承認の欲求」は、このようにして各自の生き方を支え、違いを知り、互いにそれを大切にしようという力になっていくのです。つまり、「承認の欲求」を充たそうとすることは、とりもなおさず、相互尊重の気持ちを生み、つながり、いつくしみ、親密になる力にもなります。

さらに、親密な関係は、ものごとをよりよく仕上げ、素晴らしい成果に向かおうとする心をサポートします。

「自己実現の欲求」

このようないい循環ができると、最後に「自己実現の欲求」が出てきます。これは、「自分がなることができる人間になろう」という欲求です。この欲求は、「承認の欲求」を充たすプロセスで他の人々と比較しながら見えてきた自分を吟味し、できることとできないことを区別し、ありのままの自分を知ることに十分力を尽くし、そこで知った自分、ありのままの自分を受け入れ、その自分を生かそうとする欲求を意味します。

「承認の欲求」を充たそうとしているときは、他者と比較したり、できないことに必死になったり、自己評価を低くしたりするのですが、自分をある程度ありのままに理解すると、他者との違いを優劣で評価したり、差別したりするのではなく、自分のさまざまな特徴を自分の中で比べて、より自分らしい特徴を生かそうとするようになります。

つまり、「自己実現の欲求」とは、「自分がやりたいようにやる」という欲求ではなく、「自分の持てるものを最大に生かす」欲求という意味で「使命の達成」でもあるのです。

現代における問題

先に、「現代の人々はタスクにエネルギーを使い過ぎ、メンテナンスを軽視している」と述べました。

このことは、次のように考えられないでしょうか。

「安全の欲求」がある程度充たされた国々では、社会（親や教師、上司など）が人々により高度の課題を与え、その課題に向かう姿勢や行動、そして成果に、善《よ》し悪《あ》しの判断をして承認のサインを送っている、人々は「何かを成し遂げなければ受け入れてもらえない」というメッセージを常に受け取っている——と。

現代では、その人の存在そのものが受け止められ、大切にされる「所属と愛の欲求」を充たす前に、課題の実行や成果、正しい言動を示すことを要求され、それを成就しない人は排除されるようなやり取りが起こっています。

つまり、ライフとワークのバランスが、ワークに偏っているのです。

たとえば、幼い頃から習い事をさせられ、しつけと称して言葉づかいや振る舞いを厳しく監視され、成績が悪いと「うちの子ではない」といった扱いをされた子どもは、「所属と愛の欲求」を充たされないまま、「承認の欲求」で対応しています。

この逆転現象のために、子どもは大人の要求するいわゆる「正しい言動」に駆り立てられ、要求された課題を達成することで自分を受け入れてもらおうと必死になります。

そのような人間関係の社会では、間違ったり、失敗したり、要求に応えられないことは、すなわち承認されないことであり、「所属と愛」を求めている人がいても、所属できる居場所はないことを意味してしまいます。

子ども時代に、集団の中で言いたいことを言ってみることができ、のびのび動いてみることができたなら、その子どもは、所属していることの安心感の中で、他者との違いを理解しながら自分を確かめ、自分らしくあることの意味を理解していきます。逆に、課題の実行が至上命令で、成績と成果で存在意義が決まるような体験をし続けると、子どもは、成果を示せないことは自分の存在の否定を意味すると受け止めがちになります。

たとえば、新入社員が自由にコミュニケーションができなかったり、上司からのちょっとした注意に大きく狼狽して次の日欠勤したりするといったことも、上司や会社から存在を認められていないのではないかといった誤解から生じる言動かもしれません。

このような人々にとっては、他者から与えられた基準や、「〜べき」「〜べからず」と規定されたことが、自分の存在の評価になるのです。また、自分に合わない手本や物差しを使っていることで、自分を見失いがちです。

「メンテナンスのアサーション」がいっそう求められる時代

「自己実現の欲求」は、「自分は自分であってよい」という自己の存在をいとおしむ気持ちと、「だから自分がなることができる人間になろう」という思いに裏付けられた欲求であり、能力や立派な業績のあるなしにかかわらず、誰もが持ってよい欲求であるし、実現できるものなのです。

そのためにも、現代においては「メンテナンスのアサーション」がいっそう重要に思われます。

日本語では「わがまま」を自分勝手という意味に使いますが、この言葉は、「我がまま」、つまり「私のありのまま」という意味に受け取りたいものです。アサーションとは、正直に、率直に思いを伝えてみることであり、それを受け止める人がいることのありがたさを思い、そして自分も相手のありのままを受け止めようと心がけたいと思います。

第五章　心に届く伝え方

第四章では、アサーションの考え方と方法を心理学的な裏づけから考えてきました。また、アサーションには、言葉だけでなく言葉以外の表情や声の調子などの表現が非常に大切なことも、分かっていただけたと思います。

さらに、アサーションには、問題解決や課題遂行に必要な話し方と、人間関係をつくり、それを維持するための言葉かけがあり、それぞれの目的にそって表現を工夫する必要があることも理解されたと思います。

この第五章では、私たちが出会う難しい対人関係の場面や苦手に思える状況を取り上げ、具体的にどのような表現を身につけたらよいか、考えていくことにします。

また、アサーションができている人はどんなやり取りをしているのか、アサーションには何が必要か、葛藤するような場面での歩み寄りのコツなどについても、考えることにします。

最初に、いくつかの場面を示しながら、アサーションについて具体的に考えていきます。それぞれの場面であなたならどうするか考えてから、次の場面へと読み進めていってください。

1　自分の思いを確かめる

誘いをうまく断りたい

【場面1】あなたは、スポーツジムで仲良くなった四人グループの一人です。グループの一人で、経済的にも時間的にも余裕のある先輩から、頻繁に食事やお茶に誘われます。あなたは時間によっては子どもの塾などの送り迎えがあるし、たびたび外食をするお金も暇もないし、何より、コーチや他の会員のウワサ話で盛り上がるその場の雰囲気が好きではありません。三度の誘いに一度ぐらい応じていますが、それも億劫になってきました。今後、どのように対応していったらいいでしょうか。

この場面と同じではなくても、誰もが似たような体験を持っていると思われます。こんなとき、まず大切なことは、自分の思いや気持ちをはっきりさせることです。私たちの日常会話では、「こんなことが起こった」とか「こんなことを言われた」という話をよくしますが、では自分はどうしたいのか、そのときどうしたかったのかについては伝えないことが多いのではないでしょうか。

右のような場面では、「どうするか」の前に、「自分はどうしたいか」をはっきりさせましょう。それが明確になると、どうするか（どのように言うか）のヒントが見えてきます。

グループの人たちとどの程度のつきあいをしたいのか、自分の気持ちははっきりしていますか。

もし、つきあう気持ちがないのであれば、その気持ちにそって今後の展望を立ててみることです。相手に失礼にならない程度の理由を言って断り続けると、そのうち誘いが来なくなる可能性はあります。その結果、つきあいが浅くなったり、共通の話題も少なくなるかもしれません。ただ、誘いに乗らないと決めたのはあなたですから、それで寂しくなっても、仲間外れにされたと恨んだりしないことです。

逆に、関係を切らないでつきあいを続けたいと思うならば、今まで通り三度に一度は応じようと決心することです。時間や費用がかかっても、「この人たちと仲良くするために必要なこと」と納得し、人のウワサ話も耳に入るのは仕方がないと覚悟しましょう。

スポーツジムの四人グループのつきあいを続けるか続けないかを考えてから、言い方を考えると、言いたいことがはっきりしてくるでしょう。

そして、いずれの場合でも、自分が決断したことの結果は、他人のせいにせず自分で引き受けようとするならば、困惑や後悔、苛立ちなどは少なくなります。

このような例は、友だちや家族と旅行するときなどにも体験します。他のメンバーと同じ行動をとりたいと思わないこともあるのではないでしょうか。違う行動をすることはあっても、関係が悪くなるとは限りません。いつも皆が一致して行動すれば心地よいということはなく、人間関係は違っていても成り立つし、違いを楽しむこともできるのです。

複数の人との会話で

ところで、ここで、複数の人とたわいない話をするときの心得を述べておきましょう。その場の雰囲気や話題に流されるのでなく、自分から意見を言ったり話題を変えたりして雰囲気づくりに貢献することもメンバーの役割です。

少し積極的に参加する役割をとれば、自分の話したい話題を出すこともできます。その結果、話のテーマにバラエティが出てきて、そこにいる人々にとってもこれまでとは異なった楽しさを味わうことになるかもしれません。互いに関心のあることや体験を伝え合い、聴いてもらえることは嬉しいことです。

気心の知れた仲間同士や家族の話には、時には、かなえられなかった望みや失敗、残念だった体験など、いわゆる愚痴も出てくるものです。愚痴とは、信頼できる仲間だけができる互いのガス抜きの手伝いであり、そんな仲間がいることはありがたいことです。愚痴だと分かって聴いてもらい、受け取ろうとする関係は、アサーティブな関係でもあります。

なぜなら、気のおけない雑談や愚痴は、反論されたり、邪魔されたりしないで語ることができ、支持が得られる場で、初めてできることだからです。その意味でも、場を一人占めしたり、同じ話題を続けたりすることは避けたいし、そのためにもメンバーは誰もが一役買う必要があるのでしょう。

言い換えれば、このようなメンテナンスの場にならない仲間関係は、続けるかどうか一考してみてもいいでしょう。

自分の気持ちが分からないとき

改めて、ここまで述べてきたことをまとめてみましょう。

複雑な状況で何と言えばよいか分からないときの第一のポイントは、状況や場面における自分の思いや気持ちを確かめることです。気持ちはいろいろ出てきますが、そのなかで正直な気持ちを探り、それを言葉にしてみましょう。

ただ、正直な気持ちを捉えることが、自分でも難しい場合があります。そんなときは、いろいろ出てくる気持ちをいくつか捉えて、どれが一番ピッタリくるか、確かめましょう。

たとえば、ここでこの本をいったん読み進めるのを止《や》めて、あなたが以前にとても腹が立ったときのことを何か思い出してみましょう。

思い出したら、そのとき、他にどんな気持ちを感じたか、記憶の中を探ってみてください。

具体的な場面を思い出すと、腹が立った以外に、「がっかりした」とか、「困った」「悲しかった」「残念だった」など、そのときの状況に伴って感じた他の気持ちも出てくるかもしれません。そのなかから、最もピッタリした気持ちを選んでみると、表現しやすくなります。

相手の行動に苛立ち、黙り込む夫婦

【場面2】 夫は仕事で毎日帰りが遅く、おまけに連絡もなしに同僚と飲んで帰ることもしばしばです。いつも「連絡ぐらいしてくれればいいのに」と思っている妻に、たまに早く帰ってくると「夕食はまだなのか」と言ったりします。自分のことしか考えない身勝手な夫に、つい「こっちにだって都合があるのよ！」と言い返してしまい、その後は二人とも無言になってしまいます。結果は、ストレスを溜めたままの夕食に……。こんなとき、よりよいコミュニケーションをするには？

この場面2では、場面1と比べれば妻は気持ちを表現していますが、いきなり攻撃的になっています。妻は怒りが先に立って、正直な気持ちを言い損なっているようです。おまけに攻撃的になった後味の悪さが加わって、次に黙り込んで非主張的になりました。

このように複雑な状況で何と言えばよいか分からなくなったとき、場面1で説明したいろいろな気持ちを確かめることが役に立ちます。

妻の気持ちを推測してみると、早く帰ってきた夫に妻がまず感じていることは、おそらく「予定外だ」ということではないでしょうか。そこに「夕食はまだなのか」と言われて、責められたように感じて「人の気も知らないで自分勝手だ」と思い、「こっちにだって都合があるのよ！」と言いたくなったのでしょう。

この会話が気まずくなっている一つの理由は、妻がこのプロセスを抜かして、いきなり「都合がある！」と伝えてしまったことにあります。

もし夫の帰宅が「予定外」だと思ったら、まずその気持ちを「えっ、もう帰ってきたの」とか「今日は早いのね」、あるいは「予定してなかったので、慌てている」などと言うと、より伝わりやすくなるでしょう。

一方、夫の立場に立ってみると、何が起こっているかよく分からず、戸惑いがありそうです。妻の苛立ちは分かるので、「さわらぬ神にたたりなし」とばかりに黙ってはみたものの、つまらない夕食になってしまいました。「こんなことなら一杯やってくればよかった」という気分にもなりかねません。

しかし、このような気まずい状況の責任は、妻だけにあるわけではありません。

夫は不意を衝かれた思いですが、自分も不意に帰宅しているのです。「ご飯まだ？」と言ったら、「都合がある！」という反応が返ってきたわけですから、それに対してアサーティブにフォローすることはできるでしょう。「帰ってくるのが早すぎたかな」とか「連絡すればよかった?」などと言ってみることでしょうか。

アサーティブな対応には、自分の思いや気持ちを確かめる作業が不可欠なことが、理解できたと思います。

2　事実や状況を共有する

状況も伝え合う

加えて、場面2の夫婦のように気持ちのぶつかり合いが起こっているときは、もう一つの要素に注目する必要があります。

それは、気持ちだけでなく、自分と相手が置かれた状況を伝え合って共有することです。

妻は「予定が分からなかったので、他の用事をしていた」とか、「いつも遅いので、今日も遅いと思っていたのよ」など、自分の状況や事実を伝え、共通基盤をつくることです。それだけでも夫は納得するかもしれません。

そうすれば、妻は「ちょっと待ってほしい」と自分の気持ちを伝えやすくなるでしょう。

一方、夫にしても、一言「今日は早く帰るよ」と連絡すれば、妻と状況が共有され、このような行き違いを避けることができるでしょう。

日頃のコミュニケーションの蓄積

さらにこのやり取りには、もう一つ課題があります。妻にとっては身勝手に感じられる夫の日頃の行動に対する、妻の困惑の蓄積という問題です。

妻としては、このようなことがくり返されると、「連絡ぐらいしてくれればいいのに」という思いが出てきたり、「だからこんなことになるのよ」と言いたくなるところでしょう。

これを機会に、この点について話し合いをすることも必要です。つまり、「連絡をしてほしい」妻と「いつ帰っても大丈夫」と思っている夫の気持ちのずれがこのようなコミュニケーションになっていることを、見直すことです。

この気持ちのずれは、双方がこれまでも必要な事実や状況を伝え合い、共有していなかったところから生じています。「連絡ぐらいしてくれればいいのに」という妻の思いをより具体的な言葉にすると、「帰宅時間が分からないと予定が立たない」「予定が立たないと、十分な対応はできない」となるのですから、夫にそのことを分かってもらいましょう。

先に、「予定が分からなかったので、他の用事をしていた」と事実を伝えることの重要性を述べましたが、さらに、夫が自由に動くと、妻も自由に動くという事実を分かち合っておく必要もありそうです。このような行き違いが起こらないためには、互いの行動の行き違いを事実として認め、アサーティブに分かち合うことです。もし夫に帰宅時間を連絡できない事情があるとすれば、その事情も分かち合っておく必要があるでしょう。つまり、両者が自分の思い込みと相手への暗黙の期待で動くのではなく、日頃から事実や状況を共有しておくコミュニケーションをしておくことです。

そうすれば、妻は「期待が外れて残念でしょうが、今日も遅いと思ったのよ」などと、相手の気持ちに共感してから、自分の思いを伝えることもできるでしょう。

「以心伝心」には頼らない

共に生活する家族や共に仕事をする仲間との安定した関係は、大まかなルールや約束事があることで維持されます。共通基盤を明確にし、できるだけそれを守ることが大切です。

私たちは共に、ある程度ルールに頼って互いの動きを期待し、多少のルール違反にも柔軟に対応しようとして日常を送っています。しかし、共通基盤となる事実や状況が不明であったり、分かち合えなかったりすると、いくら互いに気持ちを伝えても、「そんなことを言われても……?」と戸惑うばかりです。

つまり、事実を分かち合わないで、「夫婦は以心伝心」とか「言わなくても分かってほしい」、あるいは「分かるべき」といったことはないのです。場面2で分かることは、互いの話し合いの基礎となる状況の理解が抜けているため、誤解が起こり、後味の悪い沈黙の関わりになってしまいました。

「自分をうまく表現する」には、自分を「主張する」だけではなく、主張する前に客観的な事実としてどんなことが起こっているかを相手と確かめ、共有するチャンスをつくる必要があるでしょう。共通基盤を確かめてから、希望や要求を述べると、解決の糸口が見つけやすくなるでしょう。

たとえば、列に並んでいて、横から人が割り込んできたと感じたとき、いきなり「並んでください」と自分の要求を言うよりも、「ここ、並んでいるんですよ」と客観的状況を伝えると、話し合いがしやすくなります。それを伝えただけで、後ろに並び直す人もいるでしょう。情報や状況を共有することは、互いにとって交渉や話し合いをしやすくする共通基盤となり、同じ土俵に乗って話し始めることができます。もちろん、互いに十分に状況や事実が分かっているときは、必要ありません。

場面2から分かる、話し合いのポイントは、「相手も自分と同じ状況把握をしているはずだ」と早合点しないことです。場面1のスポーツジムでの友人にしても、場面2の夫と妻にしても、同じ状況や事情を知っているとは限らず、それゆえに食事に誘ったり、夕食ができていることを期待したりするのです。相手と事実を共有し、状況を理解することができれば、あなたが伝えたいことを、より分かってもらいやすくなるでしょう。

3　提案は具体的に述べる

状況が複雑で、交渉が必要な場合

【場面3】 あなたは自分でも仕事は早いし、できる方だと自負していました。頼まれた仕事は快く引き受けて、テキパキとこなしてきました。ところが、最近、実家の親の介護のために時間を取られることが多くなり、これまでのように退社の時間や休日を気にしないで仕事をすることもままならなくなってきました。そろそろ自分のあり方を変えなければ……と思うのですが、上司から「他の人には任せられないので、この仕事を頼む」と言われると、何と言ったらいいか分かりません。「この仕事は引き受けられない」と思ったとき、どのように伝えたらいいでしょうか。

この場面3には、「何と言ったらいいか」の背景に、いくつかのポイントがありそうです。あなたは仕事に自信があり、成果もあげていて、上司に信頼されていること、しかし、親の介護のためにプライベートの時間を必要とすること、ただ、周囲の人はそのことについて知らないので、急に「引き受けられない」とは言えないこと、などです。

このような複雑な事情があって言い方が分からないときは、言いたいことを整理してみることが必要です。

すでに場面1と場面2でも注目したように、まずこのとき、自分がどんな気持ちになっているか探ることと、相手との客観的状況の共有が重要なポイントです。

「引き受けられない」という思いと「何と言ったらいいか分からない」状態は、どこから出てきたのでしょうか。

家族の状況から考えて、これ以上仕事を引き受ける時間はないと判断されます。しかし、周囲の期待とこれまでの自分の仕事ぶりから、引き受けないことは期待を裏切る大きな変化になり、心苦しく感じているのでしょう。

とりわけ、他の人には任せられないという事情と、これまでのように自分が引き受け続けることは無理だというジレンマが、迷いを生んでいるのではないでしょうか。

そこまで確かめられたら、それを伝えることを試みるのです。

まず、状況や事実が明確で上司と共有できることについて、共有してみることです。

内容としては、いつも仕事を引き受けている事実と、それができなくなった事情をまず伝えることでしょう。そのうえで必要なのは、その仕事にかかる時間と自分のために必要な時間を予測し、自分が引き受けるかどうか、上司と話し合うことでしょう。

このとき、自分の気持ちも確かめましょう。もちろん、その気持ちの背景には相手の気持ちへの配慮や共感もあるでしょうから、それも言語化するといいでしょう。

仕事の内容によってはなかなか気持ちが一筋に絞れない場合もあるでしょう。責任ある仕事を長くしていれば、それももっともです。

その場合は、以下のように表現できるのではないでしょうか。

「いつものように期待に応えて引き受けたい気持ちと、家族のために時間を使いたい気持ちの両方がある」と伝えてもいいし、「期待に応えられないので心苦しいが、断りたい気持ちの方が強い」と伝えてもいいでしょう。上司への心配りと自分の気持ちのジレンマがあるときは、それをそのまま言葉にすることが、率直な表現だからです。

そして、次に具体的な提案をするのです。

具体的に提案する

具体的提案は、状況の確認と自分と相手の気持ちを考慮したうえでの返事になりますから、さまざまな案がありえます。

たとえば、「今回は断りたい」とか「一部を引き受けることはできる」とか「締め切りを延ばしてほしい」などでしょうか。

それに対して上司がどのようなことを考えているか聞き、話し合えれば、歩み寄りのアサーションが始まるでしょう。率直に話し合うことができれば、思いもしなかったアイデアや解決法が出てくることもありますし、思いやりの交換が行われれば、上司との関係はいっそう豊かになります。

このように、複雑で、ある種の交渉を必要とする場面でのアサーションのポイントは、状況の説明や気持ちを伝えるだけでは問題解決ができない場合があります。

場面1のように雑談や愚痴を聴き合い、支え合う関係では、聴き放しや言い放しでも十分場は保たれますが、行動を共にしたり、仕事を進めたり、結論を出したりする必要がある場面では、自分の提案を具体的に提示してみることが大切です。

そして、その提案を無理やり通そうと攻撃的になったり、相手が反対するとすぐ引っ込めたりするのではなく、そこから話し合いを始めることにしましょう。結論はすぐ出るかもしれませんが、検討したり方法を選び合っていくプロセスを必要とするかもしれないことも覚悟しましょう。

三つのポイントの復習

これまで述べてきた三つの場面から分かることは、日常の人との関わりの中には、意向や方針が一致しないことがありえるということです。

人の気持ちは常に同じではなく、厳密に言うと人は常に成長・変化しているので、いつも同じ状態でもありません。個人の変化、仕事や社会環境の変化は、人間の関わりに、さまざまな変化を重層的にもたらします。それは家族との生活にも、社交的なつきあいにも、そして仕事の中にもさまざまな形で表れます。そのつど違いと変化に対応するのが、アサーションでもあるのです。

ここまでに、三つのポイントを述べました。

1　自分の思いを確かめる（自分は、どうしたいのか）。

2　事実や状況を共有する（**相手と、分かち合う必要がある事実はないか**）。

3　提案は具体的に述べる（とりあえず、一つ**提案**をしてみよう）。

自分と相手の考えや行動が違っていたり、葛藤が起きそうだったりしたときは、この三つのポイントを覚えておき、アサーションに取り入れていきましょう。

そして、これらのポイントを明確にしていく練習を積み、どのポイントを相手に伝える必要があるかを選択することです。

4　アサーティブな表現をしている人

アサーションを自然に実践している人

さて、ここまでは、日常生活で出会う難しい場面を例にとりながらアサーティブな表現を考えてきました。

ここでは、アサーションを実践できている二つの例をとって、その人らしくアサーションすることの大切さを理解していただきたいと思います。

あるセールスマンのアサーション

私が今でもアサーションの例として思い出す方に、ある自動車会社のセールスマンがいます。

たまたま、ある販売店でわが家の車の販売を担当した三〇代後半の方でしたが、その方の対応が気に入って、出会って以後、かなり長い間、担当をお願いしていました。

そのセールスマンは、おとなしく静かに話す方で、さまざまな情報を次々と饒舌《じょうぜつ》に伝えたり説明するというよりは、こちらが要求するまで、ほとんど話をしない方でした。ただ、こちらが質問をしたり、考え込んだりしていると、必要としていることを言葉少なに、しかし適切に伝えてくれるのです。

セールスマンというと、押しが強く、熱意に圧倒されて買ってしまうというイメージがありますが、彼は必要なことは欠かすことなく提示し、しかし相手に選択を任せてくれ、車を買った後のフォローも多すぎも少なすぎもせず、信頼がおけるセールスマンでした。

明朗快活でなくても、世話焼きでなくても、そして頑張っているようには見えなくても、信頼がおける人、確かな仕事をする人はいるのです。おそらくそのセールスマンは多くのユーザーに人気のある一人だったと思います。その人にふさわしいアサーションがあることを教えてくれた人でもありました。

「ドラえもん」の静香ちゃん

アサーションを子どもたちに教えるとき、小学校で「ドラえもん」を活用している先生がいます。その先生は、アサーションという言葉は使わないで、気持ちのよいやり取りを子どもたちと一緒に考えるのです。

たとえば、隣の席に座っている子どもに黙って机から消しゴムを取って使われ、そのまま返してもらえなかったらどうするかと問いかけます。ジャイアンだったら何と言うだろう、のび太だったらどうか、そして静香ちゃんだったらどうするだろうと問いかけるのです。

すると、子どもたちは「消しゴム返せ」などジャイアンの言いそうな台詞《セリフ》をいろいろあげます。のび太は、「何も言わないで黙っているのでは」と。

そして静香ちゃんについては、「消しゴムすんだら返してね」とか「今度使いたいときは、『貸して』と言ってね」などといった台詞が出てきます。

「遊ぼう」と言われて、遊べないとき、静香ちゃんだったら「ピアノのおけいこがあるから遊べないけど、またさそってね」と言うのだそうです。

そこで先生が「じゃあ、みんなはどの答えが好き？」と聞くと、静香ちゃんの言い方が気持ちがいいと答えるのだそうです。その理由は、自分の言いたいことをきちんと言って、相手のことも大切にしているからだというのです。

アサーションのモデルが身近にあるとき、子どもたちはアサーションなどと言わず、またわざわざ教えなくても、アサーティブな表現をいつのまにか身につけ、実行していくようです。子どもの前で、大人はアサーティブな自己表現をして、アサーションのモデルになりたいものです。


車のセールスマンも静香ちゃんも、自分と相手を大切にしようという気持ちに裏付けされた表現の工夫が、その人らしい台詞になっているように思われます。

また、このような表現には、①自分の気持ちを確かめ、②状況を見定め分かち合ってから、③分かりやすい具体的な提案をする、というプロセスがあることも、分かります。

アサーションができる人は、おそらくこの三つのポイントが身についていて、その場で必要な要素を選び、台詞に生かしているのでしょう。

5　アサーションのポイントを使って台詞《セリフ》を考える

そば屋で・夫の親族の集まりで

それでは次に、私たちがよく出会う場面を取り上げ、台詞づくりの練習をしてみましょう。どのように伝えるか、上記の三つのポイントを参考に、台詞をつくってみてください。

【場面4】急いで昼食を食べなければならない日、そば屋で天麩羅《てんぷら》うどんを注文したのに出てきたのは天麩羅そばでした。うどんに取り替えてほしいけれども、作り直してもらう時間もなさそうです。そんなとき、上手に自分の思いを伝えるには、どうしたらよいでしょうか。

【場面5】夫は田舎の大家族育ちです。都会で育ったひとりっ子の私は、正月やお盆、法事など夫の親族の集まりに出るのが、とても苦手です。どうしたらうまく過ごすことができるでしょうか。

四つのヒント

この二つの場面に適当な台詞を考えるためのヒントは、以下の四つです。

1　あなたの今の気持ちは？　怒りや不満の感情が先立っていませんか？　ほかに、あなたが感じていることはありませんか？

2　あなたが対応しようとしている相手と共通に分かち合える状況はないでしょうか？　客観的に分かりやすい状況を取り出してみましょう。

3　提案は具体的にしますか？

4　その提案に対して合意されたときと合意されなかったときの、あなたの対応の選択肢も考えておきましょう。相手がイエスのときも、ノーのときも、葛藤を怖れないで対応してみましょう。

6 「アサーション」についてよくある質問とアドバイス

相手が「アサーション」を知らない場合は？

さて、アサーションの考え方と表現の原則は分かっても、私たちは、いつでも、誰に対してもアサーションができるとはかぎりません。気心の知れた仲間うちではアサーティブになれるのに、上司や目上の人には非主張的になるとか、家族や部下、自分より年下の者には攻撃的になってしまうとか、状況や相手によって話し方が変わってしまうことはあるものです。あるいは、相手が非主張的なとき、攻撃的なとき、どう対応するかについても考えてみたいところです。

アサーション・トレーニングのクラスをしていて、参加者からよく出される質問の中に、「相手もアサーションを知っていればいいけれど、自分だけがアサーションを分かっていても、うまくやり取りができないのではないか」というものがあります。

おそらくこの質問には、相手が非主張的な場合に自分の思いを率直に伝えることを躊躇するとか、相手が攻撃的なときに自分が非主張的になったり、攻撃的になったりしてしまうことへの懸念があるのでしょう。あるいは、攻撃的な上司や先輩に対して自分はアサーティブに対応したとしても、「生意気だ」とか「反抗している」と受け取られることを心配する気持ちもあるでしょう。

確かに、誰もがアサーションを知っていれば、私たちのやり取りはかなり楽になるでしょう。たとえ葛藤が起こったとしても、それは当たり前だと分かっている者同士は、アサーションが成立する可能性は高くなります。相手がアサーティブであれば、こちらがアサーティブになりやすいのは確かです。

では、自分だけがアサーティブな態度をとったとして、アサーティブなやり取りはできないのでしょうか。これは考えてみたい、大事なことです。

相手に同意してもらうには?

また、アサーション・トレーニングでは、相手が同意してくれるような言い方についても質問されます。「残業や大変な仕事を部下から断られないようにするために、どうアサーションをすればよいか」とか「どう言えば、子どもが言うことをきくか」といった質問です。

このような質問の裏には、相手が同意する気になるようなアサーションはないか、あるいは「うまく」言って自分の思いを通したい、といった期待がありそうです。

アサーションの誤解

「相手にアサーションを知っていてほしい」という願いやアサーティブな言い方への期待には、アサーションについての誤解がありそうです。

この二つに共通しているのは、アサーションを「他者を変える方法」として使おうとしているところです。

まず忘れてはならないことは、人はそれぞれ自分の意見や気持ちを持っていますので、アサーションを知っていようといまいと、あなたに同意するとは限らないということです。また、自分の思いをうまく言えば主張が通るとか、配慮すれば相手が同意するといったことは、原則としてないということです。

確かに、アサーティブな相手は、あなたの配慮や分かりやすい表現を受け取り、理解しようとしてくれるでしょう。そして、自分の思いや気持ちを、非主張的や攻撃的にならずに率直に、表現する可能性が高くなります。

しかし、くり返し述べてきたように、アサーションは、自らできる限り自他尊重の思いを込めて話そうとする試みであり、相手を変えるためのコミュニケーション法ではありません。その試みに対する反応は、相手に任されていますので、相手は同意してくれることも、同意してくれないこともあります。非主張的だったり、逆に攻撃的に出てきたりすることもあるでしょう。

だからこそ、アサーションでは、自分が表現した後のフォローが必要になるのです。相手の反応に対して、自分はどのようにアサーティブに対応するかということです。アサーションといえども相手あってのやりとりですから、一発的中で思いが伝わるとは限らず、また、きちんと言えば相手を説得できる魔術でもないのです。

むしろ、食い違いや葛藤は、互いがもっと理解し合う必要を知らせるサインと受け取りましょう。そのサインは、両者が懸念を出し合い、思いを確かめ合うチャンスであり、より深く相手を理解し、解決の知恵を見つける出発点なのです。

アサーションは、一発勝負のためのコミュニケーション法ではなく、互いを大切にし合うチャンスを相手任せにせず、自ら創ってみようとする第一声なのだということを覚えておきましょう。

まず、自分から

さて、誤解が解けたところで、話を戻しましょう。

アサーションは、誰もがアサーションを知っているわけではないからこそ、まず知っている自分が変わってみようとすることに意味があります。自分にとって心地よいコミュニケーションを試みることで、相手との関係がどうなるか、そこから始めてみようというわけです。

相手が非主張的であろうと攻撃的であろうと、自分ができることは、まず自分がアサーティブになってみることです。

まず、自分がアサーティブになって自分が気持ちよくなる体験をしましょう。そして、自分の思いを率直に伝えるとどんなことが起こるか、フォローし続けてみましょう。そのようなことを続ける中で、自分の望みを伝えながら相手にも配慮していくやり取りが生まれるでしょう。

アサーションは、自分のコミュニケーションに自ら責任をとってみることに尽きるのですが、そう簡単でないことが見えてきました。

「私メッセージ」で気持ちを伝える

自分の気持ちを明確にして伝えることを「私メッセージ」と言います。

自分の気持ちを言うことは、いわば「私」を主語にして言語化しましょうということだからです。

たとえば、「大声を出さないで」「早くしなさい」「だらしない」などの表現の主語は、誰になっているでしょうか。「(あなたは) 大声を出さないで」であり、「(あなたが) 早くしなさい」「(あなたが) だらしない」と言っています。つまり、「あなたメッセージ」になっています。

では、この表現を「私」を主語にして言うとどうなるでしょうか。

大声に聞こえているのは私ですし、早くしてほしいのも私、だらしないと思っているのも私です。ということは、「私には声が大きく聞こえるので、小さくしてほしい」であり、「私が急いでいるので、急いでほしい」「私にはだらしなく思える」です。つまり、「私メッセージ」にすると「(私が) 声を小さくしてほしい」であり、「(私が) 急いでほしい」「(私には) だらしないと思える」になります。

自分が感じたり、思ったり、お願いしたりしたいことを、あたかも相手がそうしているかのように断定的に「あなたが～だ」と決めつけると、相手は「そんなことしていない」と思うかもしれません。その結果、気まずくなったり、後味が悪い思いをしたりするでしょう。

そんなときは、「あなたメッセージ」を使っていないかふり返ったり、「私メッセージ」にするとどうなるか考えてみると、より率直で、決めつけに聞こえないメッセージを発することができるようになるでしょう。

「なぜ～？」「どうして～？」を言うときは気をつける

私たちは、人の言動の意図や理由を聞きたいとき、あるいは、どのようないきさつがあったかを知りたいとき、「なぜ～？」「どうして～？」と尋ねます。

しかし、「どうしてそんなところに行ったの？」「なぜ、そんなことをしたの？」という言い方は、「そんなところに行くべきでなかった」「そんなことをしてはいけなかった」と非難する意味でも使います。

つまり、「なぜ～？」「どうして～？」という表現には、理由など聞くつもりはなく問答無用で責める意図が含まれやすいのです。

そのため誤解される可能性が高い言葉ですから、理由やいきさつを聞きたいとき、「なぜ～?」「どうして～?」は使わないでどのような言い回しができるか、考えてみましょう。たとえば、「意図や理由、いきさつについて知りたい」とか「聞かせてほしい」と伝えることでしょうか。

「当たり前」「はずだ」「当然」ということはめったにない

「そんなこと当たり前でしょう」とか、「当然です」「～すれば～なるはずだ」と言っているとき、あるいは言いたくなっているとき、あなたはどんな気持ちになっているでしょうか。

自分の言い分を通したい、相手を思い通りに動かしたい、自分の考えは正しい、といった思いがあるのではないでしょうか。

「当たり前」「はずだ」「当然」という言葉を借りることによって、自分の言い分がいかにも正しいように印象づけることができます。自分の思いや考えでしかないことをあたかも世間の常識であるかのように言うわけですから、正体不明の他者の力も借りて説得しようとするやり方でもあります。力の弱い、世間のことをよく知らない子どもなどは、この言葉に振り回されることにもなります。

ここにも「〜してほしい」という「私メッセージ」の出番があります。

対人場面の不器用さを「空気が読めない＝ＫＹ」と言って批判することがありますが、空気が読めて当然と言わんばかりのこのような批判もアサーションではありえません。自分のことを伝えないで「空気を読ませよう」とすること自体かなり乱暴なことですし、相手の思いを聞かないで勝手に想像することも、一人ひとりを大切にしていないことにつながります。

基本として自分も相手も大切にする思いを持ち、ささいな失敗をしても、葛藤があっても、それが人間の自然な姿であることを分かっていれば、ＫＹということは問題にならないのではないでしょうか。

この章の結びとして

章の最後に、先ほどの場面４と場面５に対する可能な対応について、私なりのアサーティブな対応を考えてみました。正解というわけではありませんが、参考にしてください。

〈場面4での対応として〉

「自分が注文した天麩羅うどんに取り替えてほしい」と店の人に伝えてもいいし、「今日は急いでいるし、このまま天麩羅そばを食べてしまおう」と決心してもいいでしょう。いずれもアサーティブな対応です。

自分の持ち時間を考慮して、「要求するに値しない、かえって不利益になる」と思えば主張しないという選択もできます。ただし、主張しないと決めたのは自分ですから、選んだ結果は自分の責任で受け止めることにします。後で、恨んだり、悪口を言ったりするのは自分の決心がアサーティブでなかったことになるかもしれません。

〈場面5での対応として〉

人には、大勢の人の中でも上手にコミュニケーションできる人と、苦手な人がいます。上手なコミュニケーションの第一歩は、自分がどちらに近いタイプなのかを見極め、その場でどう振る舞うか自分の気持ちを明確にすることです。

もし、あなたが積極的に人に話しかけるのが苦手なら、話そうとばかりあせらず、相手の話を「聴く」ことに徹するのもアサーティブなことです。

「聴く」ためのコツは、話している人への関心や好奇心を失わないことです。「それについてもっと知りたいです」「どう感じましたか？」など、会話が広がるような、相手がリラックスできるようなあいづちを打ち、あなたもリラックスしてその場にいることです。それが、話しかけることが苦手な人の、その人らしい参加のしかたであり、それを理解してもらうことが、（この場面5なら夫の親族と）長くつきあうコツでしょう。

大勢の中で話すのが苦手でない場合でも、「夫の親族に悪く思われたくない」「変なことを話して嫌われたくない」といった失敗恐怖にとらわれて、話ができないこともあるでしょう。

その場合は、「失敗を恐れない」でありのままに振る舞うことに尽きます。自分らしさを分かってもらうことは、いつも「いい子」でいることではなく、時には失敗することもある自分を表現することでもありましょう。

好むと好まざるとにかかわらず、血のつながりのある人や親戚とのつきあいは、しないわけにはいきません。友人関係は選ぶことができても、親戚や職場などの人間関係は与えられている部分があるので、嫌がっていてもいっそう気分が悪くなるばかりです。いつも「いい人」でいよう逃れようとするのでなく、その時間を自分らしく過ごすこと。

うとせず、自分らしくその場にいることです。

失敗しないように自分の言いたいことを押し殺して、ストレスを溜めるのではなく、小さな失敗を許し合う関係をつくることが、自然なコミュニケーションを育んでいくことになり、あなたをより成長させていくでしょう。

もっと学びたい人のための参考ブックガイド

【書籍】

①アルベルティ、R・E&エモンズ、M・L『改訂新版 自己主張トレーニング』（菅沼憲治・ジャレット純子訳）二〇〇九年、東京図書

原題「あなたの完全な権利」というタイトルで一九七〇年に出版され、数回の改定を経て現在も二十数ヵ国語で読まれ続けているアサーション・トレーニングの原点ともいえる書。本書はその第九版の日本語訳。

②平木典子『改訂版 アサーション・トレーニング――さわやかな〈自己表現〉のために』二〇〇九年、発行所：日本・精神技術研究所、発売元：金子書房

一九九三年にアサーションという言葉とその基本的考え方を初めて日本人向けに紹介した同名の書の改訂版。改訂版では、各章で二一世紀のアサーションについて再考・追加した。

③同『自己カウンセリングとアサーションのすすめ』二〇〇〇年、金子書房

自分も相手も大切にする自己表現をするには、「自分とうまくつきあえるようになることがカギ」として、アサーションと結び付けて自分とのつきあい方を考えた。

④同『図解　自分の気持ちをきちんと〈伝える〉技術』二〇〇七年、ＰＨＰ研究所

右記②と③の内容を図入りでわかりやすく解説した。二〇〇七年にはベストセラーに。

⑤同『子どものための自分の気持ちが〈言える〉技術』二〇〇九年、ＰＨＰ研究所

アサーションは、小さいうちに身につけることができ、それが大切だという考えから、わかりやすい図解入りで、親子が共にアサーションを学べるよう工夫した。

⑥平木典子編集『アサーション・トレーニング――自分も相手も大切にする自己表現』二〇〇八年、至文堂（発行：ぎょうせい）

アサーション・トレーニングの広がりを念頭に、学校、看護や介護、職場などにおけるアサーション・トレーニングの進め方、男性と女性、青年、夫婦、そして心理療法の中でのアサーションの支援について、各領域のトレーナーが多角的に論じた。

⑦平木典子『言いたいことがきちんと伝わるレッスン』二〇〇八年、大和出版

「ノーが言えない」「ケンカになってしまう」などアサーションがうまくできない具体的な状況を五つ取り上げ、具体例をあげながら、その背景、対処の工夫などを述べた。

⑧平木典子＋アサーション研究グループ『「ほめ言葉」ブック』二〇〇八年、大和出版

ほめることができない人、苦手な人、ほめ方がわからない人のために、アサーション研究グループで、ほめ言葉についての話し合いをもとにまとめた「称賛のすすめ」。

⑨平木典子・沢崎達夫・土沼雅子編著『カウンセラーのためのアサーション』二〇〇二年、金子書房

アサーション・カウンセリング、アサーション・トレーニングを専門職として行うためのガイド書。アサーションの基本を誤解なく伝えるための留意点、指導法などを収めた。

⑩平木典子・沢崎達夫・野末聖香編著『ナースのためのアサーション』二〇〇二年、金子書房

ナースという専門職が、年齢も症状も異なる患者にかかわる働きの中で、バーンアウトになららず、気持ちよく仕事をするための、実例つきアサーションの実践ガイド。

⑪園田雅代・中釜洋子『子どものためのアサーション〈自己表現〉グループワーク』二〇〇〇年、発行：日本・精神技術研究所、発売：金子書房

小・中学校の教師が子どもにアサーションを伝えるための実践ガイド書。子どもたちとのグループ・ワークの例題、進め方の基本などを具体的に解説。

⑫園田雅代・中釜洋子・沢崎俊之編著『教師のためのアサーション』二〇〇二年、金子書房

右記カウンセラー向け⑨、ナース向け⑩に引き続き、アサーション・トレーニングを行う教師向けに書かれたトレーニング・ガイド書。

【DVD・ビデオ】

①平木典子監修・指導

「自己表現トレーニング――アサーションのすすめ」チーム医療

第1巻「アサーション・トレーニングの理論とその背景」

第2巻「アサーション・トレーニングを学ぶ」

平木が行ったアサーション・トレーニングの研修を映像化して編集したもの。アサーション・トレーニングの五領域の進め方の概要が紹介されている。

②平木典子監修

「さわやかな自己表現　アサーション・トレーニング　原理と実践」テレマック

第１部　原理編

第２部　小学校編（低中学年）

第３部　小学校編（高学年）

第４部　中学校編

小・中学校でクラスの子どもたちに対して行われるアサーション・トレーニングを映像で学ぶことができる。第1部は平木が教師向けに行ったアサーション理論の講義風景、第2〜4部は数人の教師が小・中学校の教室で行ったトレーニング風景を収めた。

③平木典子・田中早苗監修　「セクハラがなくなる話し方・接し方」日本経済新聞社

無意識に行われるセクハラ・パワハラなどの防止策として、具体的なハラスメントの例、その背後にあるものの見方、人権の問題などを映像化して取り上げ、ハラスメントの攻撃性、対応の非主張性をアサーティブにする方法を解説した。

【アサーション・トレーニングに関するＵＲＬ】

日本・精神技術研究所　http://www.nsgk.co.jp/

同研究所が年間を通して実施しているトレーニングの日程、情報が得られるサイト。

おわりに

二〇一一年は、日本にとって、また世界にとっても忘れられない年になりました。そして、私にとっても、三月一一日から今日まで、約一〇ヵ月の間、これほどまで言葉を失う体験をしたことはなかったように思います。

地震、津波、原発の報道に触れ、それを体験した人々に会い、ただ息を呑み、思いを言葉にできず、ただ「ほんとに……」としか言っていない自分に気づきました。

それは、何にもまして相手を大切にしながら自分の思いを伝えようとするアサーションが必要なときであり、かつ難しい場面だったのかもしれません。私たちは、初めて会った人には、少しずつ自分を開いて見せていき、相手を理解しながらそろそろと互いに近づき、馴染んでいきますが、震災が起きてからは、馴染みのある人々に対しても同じようなコミュニケーションのとり方をしなければならない……そんなことが、しばしば起きるようになりました。

そんなとき、「アサーションは自分の思いを明瞭に伝えることだけではない」「アサーションは自分の気持ちを言ってみることから始まる」といったアサーションのヒントは、表現を探し、もがいている私を後押しし、ぎこちないやり取りからでも相手に近づけることを教えてくれました。私たちは、伝えられない思いや傷つけたかもしれない言葉を手がかりにして互いに近づき、それでも心残りを味わいながら、ここまで歩んできたように思います。そしてこれからも、このような体験は続くのでしょう。

本書は、アサーティブになるための表現法について、多くの人の参考になることを願って書かれています。

しかし、アサーティブであるということは、時によって、また人によって異なる意味を持つように思います。自分にとっても相手にとってもすっきりするアサーティブなやり取りを一発でしようと心がけることもあれば、葛藤やずれがあるときには、アサーションの結果、必ずしもすっきりしないことを自分なりに収め、何かを選択していくこともあるでしょう。

アサーティブなやり取りは、アサーティブな自己決断により支えられています。自分にとって大切なことを選び、それでも、人を無視したり、操作したりすることなくアサーティブな行動を選んでいくことは、自分らしい生き方をつくることにつながるでしょう。アサーションがあなたにとって、他者と共に自分自身の生きる道を探るヒントになることを願っています。

最後になりましたが、本書の執筆にあたっては、講談社現代新書出版部の堀沢加奈さんに並々ならぬご支援をいただきました。大震災直前の本書の企画のご提案に始まり、現代新書の読者に読みやすいものにするための言葉づかいやアイデアあふれる見出し案など、数々のご助言を頂きました。それぞれに震災支援をしながらの本づくりは、格別の意味をもたらしましたし、堀沢さんの絶えざるご支援なしには本書の完成はなかったでしょう。深く感謝いたします。

二〇一二年一月

平木典子

講談社現代新書　2143
アサーション入門《にゅうもん》——自分《じぶん》も相手《あいて》も大切《たいせつ》にする自己《じこ》表現法《ひょうげんほう》
二〇一二年二月二〇日第一刷発行　二〇二四年八月二三日第二三刷発行
著　者　平木典子《ひらきのりこ》　
発行者　森田浩章
発行所　株式会社講談社
東京都文京区音羽二丁目一二―二一　郵便番号一一二―八〇〇一
電　話　〇三―五三九五―三五二一　編集（現代新書）
〇三―五三九五―四四一五　販売
〇三―五三九五―三六一五　業務
装幀者　中島英樹
印刷所　株式会社KPSプロダクツ
製本所　株式会社国宝社
定価はカバーに表示してあります　Printed in Japan

N.D.C.140　174p　18cm
ISBN978-4-06-288143-2

「講談社現代新書」の刊行にあたって

教養は万人が身をもって養い創造すべきものであって、一部の専門家の占有物として、ただ一方的に人々の手もとに配布され伝達されうるものではありません。

しかし、不幸にしてわが国の現状では、教養の重要な養いとなるべき書物は、ほとんど講壇からの天下りや単なる解説に終始し、知識技術を真剣に希求する青少年・学生・一般民衆の根本的な疑問や興味は、けっして十分に答えられ、解きほぐされ、手引きされることがありません。万人の内奥から発した真正の教養への芽ばえが、こうして放置され、むなしく滅びさる運命にゆだねられているのです。

このことは、中・高校だけで教育をおわる人々の成長をはばんでいるだけでなく、大学に進んだり、インテリと目されたりする人々の精神力の健康さえもむしばみ、わが国の文化の実質をまことに脆弱なものにしています。単なる博識以上の根強い思索力・判断力、および確かな技術にささえられた教養を必要とする日本の将来にとって、これは真剣に憂慮されなければならない事態であるといわなければなりません。

わたしたちの「講談社現代新書」は、この事態の克服を意図して計画されたものです。これによってわたしたちは、講壇からの天下りでもなく、単なる解説書でもない、もっぱら万人の魂に生ずる初発的かつ根本的な問題をとらえ、掘り起こし、手引きし、しかも最新の知識への展望を万人に確立させる書物を、新しく世の中に送り出したいと念願しています。

わたしたちは、創業以来民衆を対象とする啓蒙の仕事に専心してきた講談社にとって、これこそもっともふさわしい課題であり、伝統ある出版社としての義務でもあると考えているのです。

一九六四年四月　野間省一